Günter Gebhardt

Beiträge zur Harzer Bergbau-, Hütten- und Wirtschaftsgeschichte

Allegorie in LBA Hann. 84 f Lerbach, Nr. 091

Günter Gebhardt

Beiträge zur Harzer Bergbau-, Hütten- und Wirtschaftsgeschichte

WiSa

Bibliografische Information der Deutschen Nationalbibliothek
Die Deutsche Nationalbibliothek verzeichnet diese Publikation in der Deutschen Nationalbibliografie; detaillierte bibliografische Daten sind im Internet über http://dnb.d-nb.de abrufbar.

Bibliographic information published by the Deutsche Nationalbibliothek
Die Deutsche Nationalbibliothek lists this publication in the Deutsche Nationalbibliografie; detailed bibliographic data are available in the Internet at http://dnb.d-nb.de.

Coverabbildungen: © leafart - Fotolia.com; Kornmagazin in Osterode; Marmorbruch an der Steinmühle

ISBN: 978-3-95538-002-1

Inhaltsverzeichnis

Vorwort

Jahrhundertelang ernährten Bergbau, Hüttenwesen und die dazugehörenden Nebenbetriebe die Harzbevölkerung. 1930 erlosch der Erzbergbau und 2007 als letzter Betrieb die Schwerspatgrube Wolkenhügel bei Bad Lauterberg. Bergbau und Hüttenwesen hatten in ihrem Verlauf schon einige Strukturveränderungen erlebt, wie z.Bsp. ab 1867 die Übernahme durch die preußische Bergbauverwaltung und ab 1860 den Übergang von der Holzkohle zur Steinkohle. Im letzten Fall erlosch zwar die Köhlerei im Harz, andererseits gesundete wieder der Waldbestand, der zuvor überbeansprucht gewesen war. Man hatte deswegen sogar Holzkohle aus dem Solling verwenden müssen.

Die Besucherbergwerke und Museen, hier besonders das Oberharzer Bergwerksmuseum in Clausthal-Zellerfeld, halten das Wissen um die vergangenen Bergwerke und Hütten wach. Sie demonstrieren, wie karg und anstrengend Leben und Arbeit der früheren Generationen war, dies auch noch nach Einführung von dampf- und elektrobetriebenen Maschinen.

Bei konsequenter Verwaltung bis zum Ende des 19. Jahrhunderts konnten die Bergbehörden durch nachhaltigen Abbau (Posterität) und Naturalzuwendungen die Harzer Bevölkerung in Arbeit und Brot halten.

Wir gedenken mit Respekt der Leistungen der Berg- und Hüttenleute sowie der Angehörigen aller beteiligten Berufsgruppen.

Vorliegende Arbeit stützt sich zum größten Teil auf Akten des Niedersächsischen Landesbergarchivs Clausthal-Zellerfeld und des Niedersächsischen Hauptstaatsarchivs Hannover, deren Mitarbeitern für ihre Hilfe herzlich gedankt sei.

Günter Gebhardt, Februar 2013

Bergbau

1 Der Schwerspatbergbau im Siebertal

Schwerspat (Baryt), chemisch Bariumsulfat, ist heute als veredeltes und gemahlenes Bergbauprodukt in der Wirtschaft sehr begehrt. Nur einige Verwendungsmöglichkeiten seien genannt: Grundstoff für Farben und Lacke, Röntgenkontrastmittel, Strahlenschutzsteine, Füllstoff für Papier. Der Bedarf für dieses Mineral entstand etwa ab 1840 und dementsprechend entwickelte sich der Bergbau.

Bis 1910 wurde der Schwerspat im Örterbau gewonnen, einem Abbauverfahren, welches auf dem Treiben von kurzen übereinanderliegenden kurzen Stollen beruhte. Hierbei entstand starker Verbruch und dadurch Schädigung des nachfolgenden Bergbaus. Man ging dann auf das die Lagerstätten schonende Verfahren des Firstenstoßbaus über. Hier wird das Lager vor Ort von oben nach unten abgebaut.

Die Schwerspatlagerstätten des Harzes sind bzw. waren die größten Lagerstätten Europas. Der Bergbau auf Schwerspat im Harz entwickelte sich außer in den beiden Luttertälern bei Bad Lauterberg und in der Nähe von Bad Grund im Siebertal. Hier verlaufen sechs Gänge bzw. Gangzüge in West-Ost-Richtung in einer Länge von 0,7 bis 4,0 km. Es werden diese Gänge in Süd-Nord-Richtung angeführt: 1. der Auroragang, 2. der Henriette-Gangzug, 3. der Runnermark-Lilienberg-Gangzug, 4. die Gänge I-IV des Königsberges, 5. der Wurzelnberg-Gangzug und 6. der Kreuzecke-Gang.

Der Bergbau des Siebergebiets ging schon seit einigen Jahrhunderten um, jedoch auf Eisen und Kupfer. Der Bergbau am Eisensteinsberg gewann nur geringe Mengen an Schwerspat, der der Grube Henriette auf Kupfer ebenso.

Der Grubenbetrieb kann in zwei Perioden eingeteilt werden, von 1898 bis 1932 sowie von 1947 bis 1973. Der Bergbau des ersten Zeitraums wurde von verschiedenen kleinen Gesellschaften ausgeübt, der des zweiten Zeitraums ausschließlich von der DBI Deutsche Baryt-Industrie Bad Lauterberg. Während der Betriebszeit wurden laufend Erkundigungsarbeiten durch die DBI, die Landes-, später Bundesanstalt für Geowissenschaften (Hannover) und die Harzwasserwerke (HWW Hildesheim) durchgeführt. Die Errichtung einer bzw. dreier Talsperren im Sieber- und Kulmketal stand ab 1930 im öffentlichen Interesse. Die DBI war natürlich bestrebt, ihre nachgewiesenen und vermuteten Schwerspat-Lagerstätten auszubeuten. Sie erreichte es, auch mit Hilfe der Presse, dass die HWW ihre Pläne von einer großen Talsperre auf drei kleine Staubecken reduzierte. Als die Lagerstätten so gut wie ausgebeutet waren, wäre der Weg für eine große Talsperre frei gewesen. Die HHW zahlte noch 1975 der DBI eine Abfindung von 1,3 Mio.DM für die Aufgabe er Abbaurechte. Jedoch stoppten danach die Einwohner der Gemeinde Sieber zusammen mit der Naturschutzbewegung und politischen Organisationen weitere Pläne. Heute liegt das Siebertal im Nationalpark Harz und bietet ein ruhiges Bild natürlicher Schönheit.

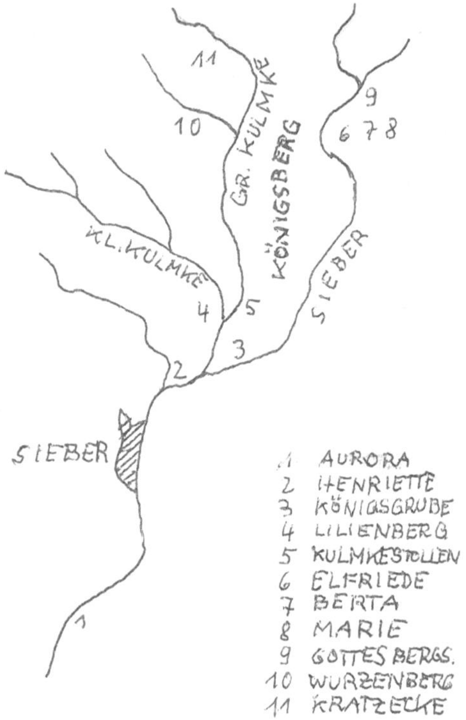

Abbildung 1: Schwerspatgruben im Siebertalgebiet

Die Grube Aurora

Der hier deutlich im Bett der Sieber zu Tage tretende Schwerspatgang wurde schon 1769 verfolgt. Eine wirtschaftliche Verwendung fand das Mineral 1848 durch *Dröger* und *Otto* zur Farbenfabrikation, allerdings nur in geringem Maß.

Die Siebertaler Werke des Kaufmanns *Sturm* in Göttingen erschlossen 1898 die Lagerstätte durch den Stollen I mit 55 m Länge, den Stollen II mit 85 m Länge und einen Schacht mit 23 m Teufe. Es sind folgende Fördermengen in t belegt: 1898 = 180 /1899 = 2208 /1900 = 2123, danach lag die Grube still.

1904 begann das Tiefbauunternehmen *Schroth* aus Braunfels (Lahn) Versuchsarbeiten, bei denen die Schießarbeiten durch den Steiger *Müller* aus Spieren bei Ottweiler ausgeübt wurden. Der Schacht der Vorgänger ging zu Bruch und es wurde wegen Wasserschwierigkeiten aufgegeben. Es folgte 1907 ein Versuch der gleichen Firma: Der Steiger *Lutter sen.* legte 20 m über der Talsohle einen Schurfstollen an und gab dann auf.

1912 kaufte die Bergbaugesellschaft St. Andreasberg die Grube, begann aber erst 1922 den Betrieb. Unter dem Betriebsführer *Berg* wurde ein Stollen aufgefahren und das Lager untersucht, aber kein Abbau betrieben.

1973 erkundete das Niedersächsische Landesamt für Bodenforschung den westlichen Teil des Lagers, welches aber als unbauwürdig befunden wurde. Der östliche Teil des Lagers ist noch nicht erkundet, ein möglicher Abbau an dieser Stelle wäre wegen der räumlichen Enge schwierig.

Die Grube Henriette

Hier waren 1550-1749 vier Stollen und zwei Schächte auf Kupfer betrieben worden. 1925 fuhren die Bergleute *Hartwig, Füllgrabe und Lang* einen Suchstollen auf, hatten aber keinen Erfolg. Als die Harzwasserwerke HHW 1957 und 1975 insgesamt 22 Bohrungen für die geplante obere Talsperre niederbrachten, stieß man auf die alten Baue. Weitere Untersuchungsarbeiten der DBI 1958 und 1973 unterhalb der Talsohle erbrachten die Unbauwürdigkeit des Henriette-Ganges. Hier und an anderen Fundstellen täuschte die oberfächliche Erstreckung des Schwerspats eine größere Lagerstätte vor (sogen. Rasenläufer).

Die Königsgrube im Quarztal

Die Siebertaler Barytwerke (Göttingen) begannen 1903 nach Erkundung und Vorrichtung mit der Auffahrung mehrerer Stollen. Unter der Leitung des Betriebsführers Danz baute man den Spat auf 4 Linsen des Ganges I ab. Bis 1911 standen 7 Stollen in Betrieb. 1906 bestand eine Schienenbahn aus Stollen III und IV sowie mehrere Bremsberge. Das Fördergut gelangte bis ca. 1925 zur Spatmühle, die sich in der Nähe des heutigen Hotels Paradies (zwischen Herzberg und Sieber) befand.

Ab 1911 war die Grube in Besitz der St. Andreasberger Bergbaugesellschaft, die im unteren Bereich ein neues Fördergleis zu einer neuen Verladestelle an der Siebertalstraße einrichtete.

Hauptsächlich waren jetzt Stollen III und VII in Abbau begriffen. Bis zur Stilllegung von 1914 bis 1919 waren hier 75 000 t Schwerspat gewonnen worden.

1919 setzte die Metallgesellschaft (Frankfurt) mit dem Betriebsführer *Berg* und dem Aufseher *Henze* die Arbeiten fort. In Stollen III und VII wurde weiter abgebaut, ein neuer Stollen VIII bis auf 480 m Länge aufgefahren und 1923 ein Blindschacht abgesenkt. Man war nun zum Einsatz von Bohrhämmern übergegangen. Ab 1925 ging der Spatabsatz merklich zurück Der Betrieb musste mehrfach gestundet werden und es wurden 9 Bergleute entlassen. Es wurden noch einige Haldenvorräte aufgearbeitet, aber 1931 kam es zur Stilllegung des Grubenbetriebes. Seit 1919 waren ca. 45 000 t Spat gefördert worden.

Ein Grund für den mangelnden Absatz war auch, dass man trotz zahlreicher Versuche den Weißgrad des Endproduktes kaum erhöhen konnte.

1944 pachtete die DBI die Königsgrube und begann 1947 mit der Vorrichtung auf drei Sohlen. Professor *Grumbrecht* von der Bergakademie Clausthal erstellte 1948 ein Gutachten, in dem er die sicheren Vorräte mit 24 000 t, die wahrscheinlichen Vorräte mit 60 400 t auswies.

Von 1951 an begann dann der Abbau dreier Barytlinsen von 2,7 bis 9 m Mächtigkeit. Der Quarzgehalt nahm in der Teufe stark zu. Eine zusätzliche Wasserhaltung war durch den Stollenbetrieb nicht nötig. Ab 1955 förderte man auf der unteren 176 m –Sohle mittels einer Diesellok der Grube Wolkenhügel im Krummen Luttertal. 1961 waren 29 Bergleute angelegt. Ab 1963 erkundete man die Gänge II bis IV des Königsberges durch den 1170 m langen Nordquerschlag, der den Königsberg in West-Ost-Richtung unterfuhr. Man traf hier aber keinen bauwürdigen Schwerspat an. Aus einem Tagebau über dem Stollen I gewann man noch

3653 t Spat, dann kam es 1970 zur Stundung und 1971 zur Stilllegung. Von 1947 bis 1971 hatte man 133 669 t Schwerspat gewonnen. Gegen Ende des Betriebes waren 60 Bergleute angelegt gewesen. An Aufsichtspersonen wurden *A. Palte, G. Pätzmann* und zuletzt *E. Meyer* genannt. 1982/84 führte die Bundesanstalt für Geowissenschaften unter *Dr. Stoppel* Schürfe in der Nähe des Tagebaus und des Mundlochs des Stollen I aus, die gewinnbare Restvorräte von 65 000 t ergaben. Ein Aufbereitungsversuch mit 196 t dieses Materialöls verlief erfolgreich, aber die Stilllegung war endgültig.

Abbildung 2: Östliches Mundloch des Nordquerschlages

Der Bergbau auf dem Runnermark-Lilienberger Gangzug

Westlich der Kulmke wurden 1912 m Lilienberg übereinander zwei Stollen von 112 und 15 m Länge aufgefahren, dazu noch etwa zeitgleich am Ausgang des Hanebaumtals ein kurzer Stollen. Als 1971-1973 alle drei Stollen aufgewältigt und z.T. verlängert wurden, traf man nur geringe Mengen an Baryt an, ebenso durch Bohrungen unterhalb des Talbodens der Kulmke.

Aus dem 1968 angelegten Kulmkestollen an der Ostseite des Tals wurden in den beiden folgenden Jahren 1025 t Schwerspat gefördert.

Der Gang setzt sich nach Osten unter dem Königsberg fort. An der Ostseite des Berges legte 1910 die Bergbaugesellschaft St. Andreasberg zwei Stollen (Hansa und St. Andreasberger Hoffnung) und den Schacht Glückauf an. Leiter war der zuvor auf der Knollengrube tätige Steiger *Lutter*. Das Unternehmen war hier nur gering erfolgreich.

Östlich der Sieber betrieb man am Sieberberg die Stollen Berta und Elfriede sowie den Schacht Marie. Die Südharz-Bergbaugesellschaft aus Nordhausen, deren Hauptgesellschafter der Markscheider *Kraeber* war, teufte 1907 den Schacht Marie auf 20 m ab. Dieser wurde 1907 durch die genannten Stollen Berta und Elfriede in 83 und 44 m über der Talsohle unterfahren. Der untere Stollen Elfriede erreichte 35 m, der obere Stollen Berta 110 m Länge. Die Aufsicht über 12 Bergleute führte Obersteiger *Sattler*, danach Steiger *Baum*. In beiden Stollen wurde mittels Hunten gefördert und das Gut mit zwei verbundenen Bremsbergen zum Boden des Siebertals gebracht. Der Schacht Marie hatte wegen der schlechten Transportwege nur eine kurze Lebensdauer. Man baute auf dem Gang mit 1,1-1,4 m Mächtigkeit bis 1912 ab.

1905/06 wurde bei Schürfarbeiten im Fiedlertal ca. 400 m NE des Schachts Marie ein alter Kupferstollen aufgefunden und neu für die Gewinnung von Schwerspat aufgefahren. Der Betriebsführer *Stüken*, vorher Schacht Marie, und 4 Bergleuten gewannen aus diesem Stollen „Gottes Bergsegen“ nur geringe Mengen Schwerspat. Östlich des Sieberbergs spaltet sich der Gang auf und vertaubt.

Die Grube Wurzelnberg

Auf dem in W-E-Richtung in einer Länge von 900 m verlaufende Gangzug wurde der Schwerspat fast vollständig in zwei Bergbauperioden abgebaut.

Zuerst begann der Hamburger Ingenieur *Witter* den Betrieb mit der Auffahrung des Unteren Stollens am Westhang des unteren Kratztals. Die Aufsicht hatte der Steiger *Lutter*. Wegen Wasserschwierigkeiten begann man den Oberen Stollen und den Schacht Ernst-Wilhelm. Dann übernahm die ebenfalls in Hamburg ansässige St. Andreasberger Bergwerksgesellschaft die Grube. Betriebsführer wurde der Steiger *Fischbach*. Man gewann in einer Bauhöhe von 50 m unter Verwendung des Sprengstoffs Donarit I nach Handbohrung.

In der Abbauzeit von 1908 bis 1914 wurden 3500-4000 t Rohspat gewonnen. Man führte das Gut über zwei Bremsberge einer Seilbahn zu, die es dann ins Kulmketal brachte. Bemerkenswert ist die Schienenbahn, auf dem Großen Wurzelnberg, die das Fördergut der Grube Kratzecke herantrug. Diese hatte eine Länge von 1200 m und besaß Muldenkipper. Wegen der langen Anmarschwege wohnten die Bergleute der Gruben Wurzelnberg und Kratzecke in der Woche auf ihrem Bergwerk.

1918/19 unternahm die Metallgesellschaft unter dem Steiger *Luf* Vorrichtungsarbeiten, nochmals 1923/24. unter Betriebsführer *Berg* und Aufseher *Petry*, dann kam es zur Stilllegung.

Die DBI begann hier nach dem 2.Weltkrieg, indem sie die vorhandenen 2500 t Haldenspat verarbeitete. Bei Untersuchungen traf man die Vorräte des Westfeldes fast unverritzt an. 1962 wurden dann drei Stollen in 600, 577 und 532 m NN aufgefahren und der Spat in Zwischensohlen und einem Tagebau gewonnen.Bis 1972 baute man 34 233 t Rohspat ab. In den letzten Jahren waren zumeist nur 6 Bergleute beschäftigt. Bekannt sind die Namen *Huhn*, *Käbsch*, *Grebe* und *Milleke*, die möglicherweise aus den hessischen Gruben der DBI stammten. In den beiden letzten Betriebsjahren setzte man auf der Fördersohle eine Diesellok der Königsgrube ein.

Die Grube Kratzecke

Schürfarbeiten 1905/06 folgte der Abbau durch die St. Andreasberger Bergwerksgesellschaft von 1910 bis 1913. Man fuhr den Oberstollen in 666 nm NN und gewann nach Schätzung des Grubenbildes 5000-7000 t Spat.Ein Unterstollen wurde fast vollendet und nach dem 2. Weltkrieg betrieben. Die DBI gewann 1947 ca. 900 t Haldenspat und 1971/73 insgesamt 20 447 t Schwerspat, hauptsächlich unter der 666 m-Sohle. Einige Vorräte wären nur durch aufwändigen Bau in der Teufe gewinnbar, hier wurde auch die Mächtigkeit geringer.

Literatur und Quellen

Gebhardt, G.: Der Schwerspatbergbau im Siebertal, in: Unser Harz, H.7 (2001)

Heberling, E., Stoppel, D.: Vom Schwerspat und Kupferbergbau um Bad Lauterberg (1988)

Stoppel, D., Gundlach, H.: Baryt-Lagerstätten des SW-Harzes (Beiheft Geol. Jahrbuch, Nr. 124, 1972)

Ließmann, W.: Historischer Bergbau im Harz (1972)
Stoppel, D., Gundlach, H. et al.: Schwer- und Flußspatlagerstätten des SW-Harzes (Geol. Jahrbuch, Heft 54, 1983)

2 Der Bergbau auf Eisenstein am Büchenberg bei Elbingerode vor 1925

Seit dem Mittelalter ging am Büchenberg der Bergbau auf Eisenstein um. Der größere Südteil des Areals lag im hannoverschen Amt Elbingerode, der kleinere Nordteil gehörte zur Grafschaft Stolberg-Wernigerode. Zwischen beiden Bergbehörden gab es Zusammenarbeit und auch Differenzen. Der von Eigenlehners gewonnene Eisenstein ging zu den benachbarten, aber auch zu entfernteren Eisenhütten des Harzes. Der Altbergbau ging ab 1867 stark zurück und erlosch 1925 mit der Aufgabe der Rothehütte. Der Altbergbau hinterließ eine große Anzahl von Tagebaupingen sowie einige Stollen und Schächte.

Geologische Verhältnisse

Laut *Erdmannsdörfer* hat der Elbingeröder Devonsattel die Form einer Ellipse von 3,5 km Länge und 1,3 km Breite. Der Kern des Gebiets wird aus Schalstein und Keratophyr gebildet. Im Haupterzlager wurde eine Mächtigkeit von 5 bis 25 m angetroffen. Die Rot- und Brauneisensteinlager entstanden im mittleren Devon durch Austritt und Ausfällung von eisenhaltigen Thermallösungen unter vulkanischen Bedingungen. Im westlichen Teil ist Brauneisenstein vorherrschend, im nördlichen Teil Roteisenstein, beide mit max. 55 % Fe.

Verkieselung drückt an einigen Stellen den Eisengehalt um 10-20 Prozent. Der Altbergbau baute die oberflächennahe Erze mit höheren Gehalten ab, so dass der Bergbau von 1938 bis 1970 geringerwertige Erze vorfand. Im ehemaligen hannoverschen Amt Elbingerode wurde noch in Gruben außerhalb des Büchenberges abgebaut. Genannt seien die Reviere Wormke, Ahrendfeld und Hornberg. Im Großen Graben wurde sulfidisches Eisenerz im Gegensatz zum oxidischen Erz des Büchenbergs gewonnen.

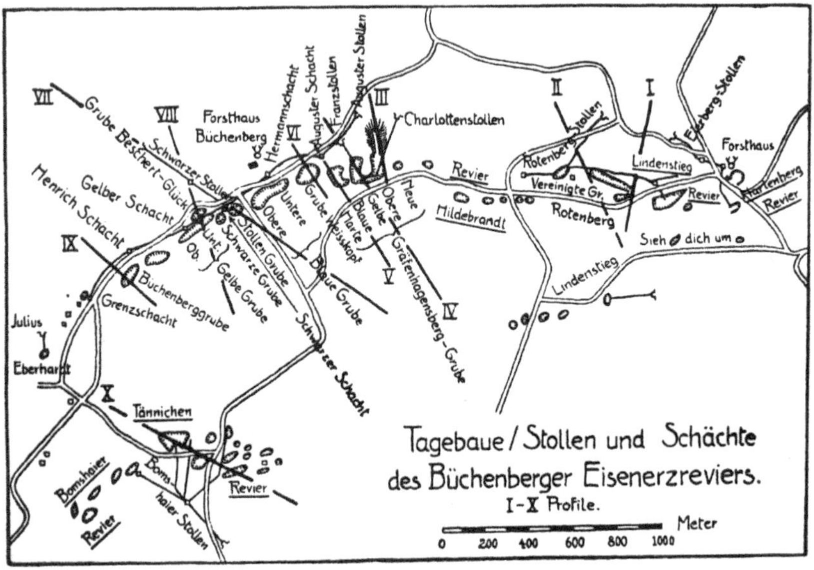

Abbildung 3: Karte der Eisensteingruben bei Elbingerode

Eigenlehnerwesen und Grubenverwaltung

Jeder Ortsansässige konnte beim Amtmann einen Mutungsschein beantragen. Hatte er innerhalb von 14 Tage einen Schurf getan, so prüfte ein Bergbeamter den Fundort, vermaß und kennzeichnete ihn durch Lochsteine. Durch Eintragung in ein Lagerbuch war das Lehen bestätigt und der Muter war Eigentümer. Er zahlte dann jährlich zu Michaelis den Erbenzins. Im Amt Elbingerode waren Feldgrößen von ½ bis 4 Berg üblich (1 Berg = 1474 qm).

Die Eigenlehner waren der Herrschaft zur Treue verpflichtet, diese wiederum zum Schutz der Bergleute. Die Lehnsverträge wurden später durch zeitlich begrenzte Pachtverträge abgelöst, womit die Bergleute „Eigenlöhner" wurden.

Um Unordnung und Streitigkeiten abzustellen, wurden Bergordnungen eingeführt. Die erste Bergordnung wurde 1594 durch den elbingeröder Amtmann *Lindenberg* in Absprache mit den Geschworenen und den Bergleuten erlassen. Die 21 Artikel dieser Ordnung wurden durch die „Confirmationen" der Jahre 1620, 1664 und 1694 bestätigt bzw. ergänzt. Allerdings mussten die Bergleute zwischen 1620 und 1663 mehrmals durch Beschwerden und Bitten die Bergbehörde veranlassen, die Bergordnung zu respektieren. 1664 erfolgte dann die Bestätigung durch den Amtmann *Reichmann* und den Faktor *Berlt.* 1847 regelte eine von *König Ernst-August* unterzeichnete Bergordnung in 22 Artikeln die rechtlichen und finanziellen Belange.

Die direkte Verwaltung geschah durch die Administration der Rothehütte (1707-1925), die an der Bode 4 km SW von Elbingerode lag. Weiteres geschah durch die Amtsverwaltung Elbingerode und die Berghauptmannschaft.

Die Hüttenverwaltung zahlte den Bergleuten bei der Abnahme des Eisensteins den „Langerlohn" pro Fuder. Dieses Hohlmaß entspricht 0,5 cbm bzw. einer Gewichtsmenge von 1, 1 bis 1,3 t je nach Eisengehalt. Langerlöhne pro Fuder waren nach *Schleifenbaum* um 1506 11 Schilling, 1560 9-10 Groschen und 1577 ein halber bis 1 Gulden. Nach Aktenlage betrugen sie in Mgr. (Mariengroschen): 1733 11-21, 1738 30, 1784 21-33, 1810 20-24, 1828 30 und 1840 20 Mgr.

An Personalbestand waren vermerkt: 1799 28 Steiger, 43 Häuer mit 8 Jungen, im Jahre 1835 50 Mann und 1835 76 Mann mit 4 Jungen.

Um 1669 besitzen folgende Eigenlehner Gruben in Größe von ½ Bergen (Reviere in West-Ost-Richtung), *Revier Bomshai*: Hans Thomas, Jürgen Barke, Gregor Thomas – *Revier Tännchen*: Esaijas Martin, Andreas Schröter – *Revier Grefenhagensberg*: Michael Vollmer, Andreas Vollmer sen. und jun., Kunz Rößling – *Revier Hildebrand:* Hans Vollmers Wtw. – *Revier Rothenberg*: Peter, Martin und Georg Schröter, Andreas Vollmer – *Revier Lindenstieg*: Heinrich Schöne, Andreas Schröter, Zacharias Vierling.

Namensliste der Grubeneigner von 1700 bis 1867

1700-1750:

Revier Bomshai: Hans Kindlein (1733) – *Revier Tännchen*: Wäsche (1704) Fr. Krüger, Barth (1709), Hans Haupt, Hellerling, Hans und Thomas Rößling (1733) – *Revier Büchenberg:* Jürgen Schröder, Hans Vollmer sen. (1704), Jürgen Wäsche, Andreas Thoms, Hans Vollmer jun. (1709) – *Revier Grefenhagensberg*: Andreas und Hansjürgen Vollmer (Milde Grube 1704), Klaus Vollmer (Milde Grube 1709), Heinrich und Zacharias Rößling (Milde Grube 1709), Hans Rößling (Milde und Harte Grube 1733), Johannes Valentin Rößling (Gelbe Grube 1747) – *Revier Hildebrand*: Keine Nennung – *Revier Rothenberg:* Hans Krüger, Kleiner Vollmer (1704), Andreas Bruns, Esaias Heert (Grube Bolmshäuschen 1704), Hans Krüger,

Kleiner Vollmer, Peter Vollmer (1709), Hans Baltzer (Stollen Vollmer 1709) – *Revier Lindenstieg:* Andreas Schön (1709).

1750-1800:
Revier Bomshai: Friedrich Ehrt, Friedrich und Georg Kindlein, Hans und Andreas Dommes (1766), Friedrich und Tobias Ehrt, Heider, August und Christian Schröder, Martin Rößling (1780), Wägener, Heider, Friedrich Ehrt, Hans Schröder, Dommes (1786) – *Revier Tännchen*: Friedrich und Tobias Ehrt, Carl und Gabriel Schröder (1789), G. und H. Hellring, Netz, Staty und Oehme (Grube Moritz 1789), Heider, Gabriel Schröder, Friedrich und Tobias Ehrt (17949), *Revier Büchenberg*: Johannes Haupt, Just Schrader, H. Becker (1765), Dommes (1784), Andreas Röddeker (Gelbe Grube 1787), Ahrend Röddeker (1794) – *Revier Grefenhagensberg*: Peter Vollmer (Blaue Grube 1751), Just Schröder, Röddeker (Obere Grube 1766), Just Röddeker, Hartung,(Milde Grube 1786), Schröder (Obere Grube 1786), Wegener (Blaue Grube), August Schröder, Röddeker (Gelbe Grube), Just Schrader (Obere Grube), Hartung (Milde Grube), Gottfried Rößling (Harte Grube 1794) – *Revier Hildebrand*: Keine Nennung, – *Revier Rothenberg*: Schröder, David Vollmer (1786) – *Revier Lindenstieg:* Schulze Becker, Urban, Herdam (1780), Schulze, Brückner, Hellring, H. Röddeker (1786), Hellring (1794).

1800-1850:
Revier Bomshai: G. Dommes, Heider (1826/28) – *Revier Tännchen*: C. und A. Schröder, Oehme, Köhler, Netz, Kohlrusch, Friedrich und Tobias Ehrt, Martin und Andreas Rößling (1826/28), Friedrich und Tobias Ehrt (1841, Christian Hartmann, W. Schütze (Bohrschacht), Schaper (1848) – *Revier Büchenberg:* Dommes, Heider, Röddeker (1828) – *Revier Grefenhagensberg:* Hartung (Milde Grube), Schütze (Gelbe Grube), Wegener (Blaue Grube), Göbel, Öhme (Neue Grube) (1802) – *Revier Hildebrand:* Himli Böhme, Dommes, dazu 15 Gruben nur mit Angabe symbolischer Namen (1843) – *Revier Rothenberg*: A. Schröder und 2 Gruben mit symbolischen Namen (1849), – *Revier Lindenstieg*: Hellring, G. und C. Nagel (1823), Becker, Herdam, Hassenberg (1828), Schulze, Hartung (1835), Brückner, Herdam, Röddeker, Urban, Hassenberg, Schulze, Vollmer, dazu 9 Gruben mit symbolischen Namen (1849).

Nach 1850: *Revier Bomshai:* Becker, Heider, C. Dommes, Wilhelm (1857), 1862 wie 1857, dazu 9 Gruben mit symbolischen Namen – *Revier Tännchen*: G. Schröder (1852), Netz, Friedrich und Tobias Ehrt, A., C. und G. Rößling, Moritz (1857) – *Revier Grefenhagensberg:* Nur Grubennamen.
Revier Hildebrand: Dommes Erben und 2 Gruben mit symbolischen Namen – *Revier Rothenberg*: H. Koch (Grube Wasserberg 1856), A. Schröder (1862).

Die Übernahme durch Preußen 1866 ließ die Zahl der Muter durch Spekulation stark ansteigen auf 328 im Jahre 1867 im Amt Elbingerode. Die Listen vermerkten davon nur ein Drittel an Personennamen, die Hauptmenge trugen symbolische Namen wie Reicher Segen, Bergmannsglück, Rose u.a. Auch standen nur 27 Gruben in Betrieb.

Einige Betriebsereignisse

1792 stellte die Verwaltung Unordnung in den Transportlisten der Fuhrleute fest. Es wurde angeordnet, dass die Fuhrleute erst nach der Beladung die Ladezettel erhalten sollten, sonst würden sie von der Hütte keine Bezahlung bekommen.

1824 beschwerte sich der Faktor *Frankenfeld* der Rothenhütte über unrichtige Stundenabrechnungen der Bergleute der Grube 4. Hildebrand. Diese beschwerten sich wiederum über Frankenfeld, er habe unerlaubt Eisenstein ins „Ausland“ verkauft. Er hätte gesagt. „Die Gruben sind Euer, aber der Betrieb ist Unser“, auch wolle er „Schlösser vor die Gruben legen“. Beide Seiten bestanden auf ihren Vorwürfen und Unabhängige mussten den Streit schlichten.

Die Verwaltung griff manchmal hart durch. So hatte zum Beispiel 1828 Friedrich Ehrt eigenmächtig Eisenstein verladen und war „unfolgsam“. Man nahm kein Erz von ihm an und steckte ihn ins Gefängnis, was ihn noch renitenter machte. Er erschien nicht zur Arbeit und gab keine Erklärungen ab, was zur Folge hatte, dass man ihm die Krankenunterstützung strich.

1836 suchten 33 junge Bergleute dringend Arbeit, da ihre Eltern nicht für sie sorgen konnten. Sie meinten, durch eigene Mutungen Ansprüche zu haben. Die Verwaltung der Rothenhütte, selbst in Auftragsnöten, wies sie ab, ebenso alle Bergleute mit Haus und Garten.

Im Jahre 1843 hatte Friedrich Rößling unberechtigt 96 Fuder Eisenstein verkauft. Trotz achtmonatiger Krankheit, wegen der er sein Haus verkaufen musste, kam es zum Prozeß gegen ihn. Die Kosten dafür musste er durch Verkauf seiner Möbel decken.

1848 bat der 60 Jahre alte Bergmann Christian Schaper um Eröffnung und Betrieb der stillliegenden Grube Tännchen Kienling, da er von 22 Eignern abgewiesen worden war.

Förderung bzw. Versorgung der Eisenhütten

a. Förderung der Gruben und Reviere

Die Auftragslage der Hütten spiegelt sich in der Förderung wieder. Einschränkungen und zeitweise Stilllegungen sind für 1793, 1805 und 1810-1815 verzeichnet.

Gesamtförderung in Fudern 1792-1862

1792 = 2514	1831 = 7498	1851 = 11358
1794 = 17800	1841 = 8500	1852 = 9905
1795 = 9566	1846 = 11053	1853 = 10195
1798 = 11175	1847 = 13450	1858 = 19551
1803 = 17665	1848 = 13598	1859 = 22470
1816 = 7887	1849 = 13702	1860 = 20000
1828 = 20706	1850 = 11818	1862 = 20000

Förderung einzelner Reviere in Fudern

	1730-1733	1795	1808-1813
Bomshai		115	
Tännchen	108	3890	
Büchenberg	2350	1175	
Grefenhagensberg	2344	2767	
Lindenstieg		473	1648

Es bestanden zahlreiche Tagebaupingen von max.30 m Teufe, 50 m Breite und 200 m Länge. Aus den Pingen förderte man durch Gestelle. Diese waren auslegerartige Holzkonstruktionen mit Unterstützung durch starke in die Böschung eingegrabene Stämme, auf denen Haspel montiert waren. Neben den Tagebauen existierten zahlreiche Förderschächte.

Zu den hannoverschen Hütten gelangten 1794 17800 Fuder, 1795-1800 jährlich 6000-13 000 Fuder, 1801 12 503 Fuder, 1810-1815 jährlich nur 1000-1500 Fuder (Befreiungskriege), 1848-1853 jährlich 18 000-19 000 Fuder, 1858-1860 jährlich 14 500-15 700 Fuder.

Weitere Empfänger waren 1773-1786 pro Jahr an die preußische Hütte Sorge 300-500 Fuder, 1816 gingen an die braunschweigischen Hütten Tanne, Rübeland und Altenbrak 15-30 Fuder, 1818-1822 nach Sorge 4000 Fuder, 1849-1861 kamen 76 078 Fuder an verschiedene Hütten, davon 44 617 Fuder nach Ilsenburg, der Rest nach Zorge, Mägdesprung, Rottleberode und Tangerhütte.

Zur Chronologie der Grubenreviere

Schleifenbaum erwähnt für 1303 das Bestehen der Grube Silberkolk. Weitere Gruben müssen laut *Wedding* um 1505 bestanden haben. Meisterberg, Heimto, Pfaffenberg, Kehrto, Großer Kriegsberg, Appelbaum und Mägdekrug. *Lindemann* vermerkt für 1540 folgende Gruben: Lindenstieg, Ahrendfeld, Rothenberg, Gredeta, Salzsump, Krebelsack, Meineberg, Spittelberg, Goldberg, Birnbaum, Rebersbruch und Braunenwege.

Die Grubenreviere im 18. und 19. Jahrhundert

a. Revier Bomshai (auch Baumshai, Bohmshai)

Schon 1667/69 baute man guten Eisenstein ab, klagte aber über große zusitzende Wassermengen. 1733 gewann man aus zwei Schächten von nur 4 Lachter Teufe (= 7,7 m) 4 Fuder. Drei weitere Schächte waren ersoffen und man bat dringend um die Anlegung eines Stollens zur Wasserlösung. Markscheider *Sartorius* sah drei mögliche Ansatzpunkte vor. Die Kosten von 46 225 Talern verzögerten den Bau bis 1783 unter finanzieller Beteiligung der Eigenlehner: Der Stollenbau sollte in den Revieren Bomshai und Tännchen die Wasser lösen.

Nach der Auffahrung durch 4 Hauer auf 172 Lachter (1783) war man gezwungen, eine Wettermaschine einzusetzen. Ab dem 2. Lichtschacht fuhr man einen Westflügel zum Bomshai und einen Ostflügel zum Tännchen auf. 1799 erreichte der nordöstliche Flügelort mit 303 Lachter Länge die Baue von *Gabriel Schröder* und *Tobias Ehrt*. Der Gesamtbau war 1823 mit einer Gesamtlänge von 1126 Lachtern (2162 m) vollendet.

Unterdessen hatte man im Revier Bomshai im Jahre 1784 1785 Fuder Eisenstein gewonnen. 1790 beschwerte sich der Eigenlehner Heider, dass der Hüttenmeister sein Erz auf Halde liegen ließe, die Klage führte sogar zur Untersuchung durch Kammerpräsident v. Wenckstern. 1828 konnte man die durch Unwetter verschütteten Tiefbaue mittels Bohrlöcher vom Stollen aus vom Wasser „befreien“. Die Mächtigkeit des Eisensteins im Revier betrug ca. 17 Spann (4,0 m).

b. Revier Tännchen (auch Tönnchen, Dönigen u.a.)
Zu Beginn gab es ebenfalls Wassernot. 1669 betrieb man hier 6 Schächte und gewann im Hangenden Roteisenstein mit 44 %, im Liegenden Brauneisenstein mit max. 56 % Eisen. Die Mächtigkeit des Lagers lag bei 28 Spann (6,7 m). Von 1734 bis 1744 lag das Werk wegen Wassernot still, erst ein Flügelort des Bohmshaier Stollens sorgte für Trockenheit. Die 8 Gruben des Oberen Tännchen waren mit je 2-4 Förderschächten versehen. 1837 traf man in der Grube des *August Schröder* einen Eisengehalt von 22-43 % an, in der des *Köhle*r 29-59 %, also stark schwankend. Von 1830 bis 1850 bauten hier die Gruben Jungfrau, Kaiser Leopold, Glücksgarten, Hohe Tanne und Palmzweig.

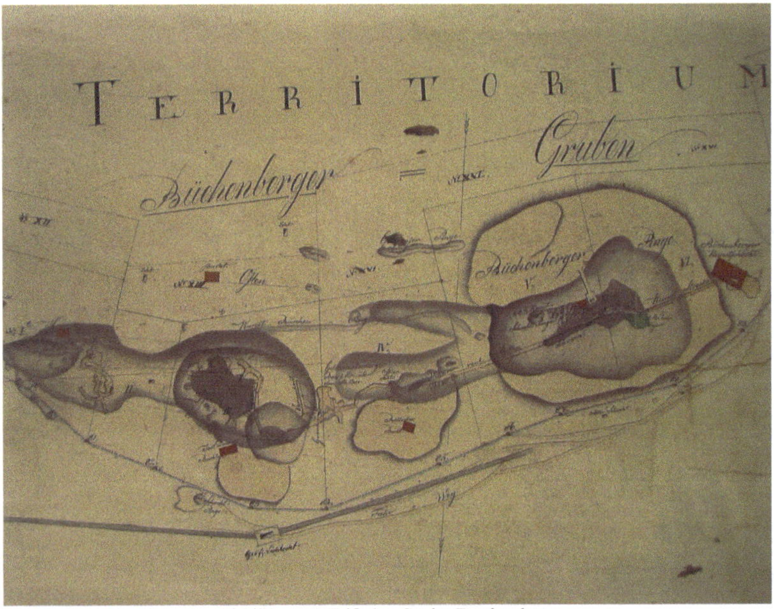

Abbildung 4: Riß der Grube Büchenberg

c. Revier Büchenberg

Das Revier war unterteilt in die Untere Grube, Obere Grube, Gelbe und Blaue Grube sowie die Grube Bescherts Glück. Dazu gehörten der Gelbe Schacht, der Henrichschacht und der Schwarze Stollen. Der geplante Büchenberger Erbstollen kam nicht zur Ausführung.

1669 waren von 4 Gruben zwei in Betrieb. Wegen ständiger Wasserprobleme plante 1738 der St. Andreasberger Kunstzimmermeister *Bähr* eine Wasserkunst. Weil der wernigeröder Bergbauverwaltung eine Mitbeteiligung zu teuer war, schloß *Bähr* mit den Eigenlehnern *Johannes Rößling, Hans Thomas Rößling* und *Georg Hellerling* einen Vertrag über den Bau einer Kunst. Hierbei sollte die Kraft des Zillierbachs mittels eines 507 Lachter (973 m) langen Feldgestänges für den Pumpenantrieb zur Sümpfung übertragen werden. Durch den Tod des *Bähr* konnte das Werk nicht ausgeführt werden, wurde dann aber doch 1741 durch den Kunstmeister *Schwarzkopf* zum Preis von 829 Talern erbaut. Schon 1749 war die Anlage wegen Überlastung marode geworden und wurde gründlich erneuert.

1745 war ein starker Einfall von Bergen (Abraum) in die Gruben erfolgt, worauf 7 Bergleute über 4 Wochen mehr als 1000 Fuder Gestein herausschaffen mußten und dafür 35 Taler „Diskretionsgeld“(Zulage) erhielten.

1774 plante der Oberbergmeister *Georg A. Steltzner* eine neue Kunst, wobei das Feldgestänge zum Kunstrad am Zillierbach über wernigeröder Gebiet gehen würde. 1779 kam es zur Einigung mit dem gräflichen Bergamt und der Bau begann. Die Kosten von 1818 Talern wurde zu zwei Dritteln von der Rothenhütte, der Rest von der Königshütte getragen.

1779 wurde nach einem Entwurf von Seidensticker eine neue Kunst über werrnigeröder Gebiet zum neu abgeteuften Büchenberg-Kunstschacht erbaut mittels der man die Büchenbergpinge und den abgesoffenen Wernigeröder Grenzschacht durch ein Kreuzgeschiebe sümpfte. 1785 reichte die Förderung nicht zur Bezahlung eines Steigers und 8 Bergleuten aus und man musste die Hüttenverwaltung um Vorschuß bitten. 1799 soff dann der erwähnte wernigeröder Grenzschacht doch ab.

Ein 1840 begonnener Erbstollen wurde wohl nicht vollendet, denn 1861 beantragten Heider und 17 Bergleute dringend die Anlage eines Wasserlösungsstollens, nachdem das Wasser auf 4-5 Lachter angestiegen war.

d. Revier Grefenhagensberg (auch Gräfen-, Greven- und Grippenhagensberg)
Diese Riesenpinge und ihre Tiefbaue waren eingeteilt in die Blaue, Gelbe, Harte, Milde, Obere und neue Grube, deren Namen aus der Farbe und Festigkeit des Eisensteins resultierten. Der Eisengehalt war mit 50 % in der Oberen Grube am Höchsten, mit 25 % in der Harten Grube am Niedrigsten. *Schwertfeger* berichtet, dass 1669 hier 5 Gruben in Betrieb standen.

Von 1694 bis 1709 wurde ein Stollen von 88 Lachtern (169 m) zur Milden Grube aufgefahren, essen Kosten von 1854 Talern allein von den Eigenlehnern aufgebracht wurden (heute Franz-Stollen). Um 1733 waren die Harte Grube auf 8 Lachter, die Milde Grube auf 15 Lachter abgeteuft, ihre Förderungen pro Woche lagen bei 15-20 Fuder bei je 2-3 Arbeitern.

Ab 1764 wurden die Wasser der Milden Grube und der gräflichen Weißkopfgrube zum Antrieb einer neuen Kunst vereinigt. Das dazu gehörende Feldgestänge ging über hannoversches Gebiet und maß 130 Lachter. Ab 1783 wurde der Charlottenstollen zur Wasserlösung der Grefenhagensberggruben geplant. Einstweilen konnte aber der in Bau befindliche gräfliche Augustenstollen mitbenützt werden. Hierfür zahlte das hannoversche Bergamt 1000 Taler und anteilige Kosten für einen Flügelort. Um 1800 erreichte die Gruben15-25 Lachter Teufe erreicht. Wegen zu hoher Forderungen von gräflicher Seite ließ die hannoversche Bergverwaltung ab 1803 den Charlottenstollen allein auffahren Der Bau verzögerte sich durch Bewetterungsschwierigkeiten und erreichte erst 1822 mit der Länge von 192 Lachtern (368 m) sein Ziel.

1826 stritten sich die Besitzer der Oberen und Neuen Grube, *Göbel* und *Kohlrusch*, um die Markscheidelinie zwischen beiden Gruben, wobei *Göbel* sogar von „Eisenstein-Räuberei“ sprach.

Bis nach 1850 benutzte man noch in den Tagebauen die schon genannten Förderplattformen Als 1859 ein solches Gestell der Blauen Grube „wandelbar“ (marode) geworden war, reparierte man es, weil man von dort eine gute Übersicht hatte.

Abbildung 5: Augustenstollen

Abbildung 6: Charlottenstollen

e. Revier Hildebrand

Eine der ältesten Gruben dieses Reviers war die sog. Stollengrube, auch Stollenpinge, des Andreas Vollmer. Ab 1644 war ein sehr gewundener Stollen aufgefahren worden, der mit 192 Lachtern (369 m) die Pinge erreichte. Die Grube wurde bis 1799 von der Familie *Vollmer* betrieben. Neben der Stollenpinge lag der Schacht des *Hans Balthasar (Baltze)*, der angeblich wegen Mordes an einem Arbeitskameraden hingerichtet worden sein soll; wobei es sich aber auch um einen Arbeitsunfall gehandelt haben könnte.

Auf dem benachbarten Feld senkte 1730 Esaias Heert eine 10 Lachter tiefen Schacht ab. Die Zahl der Grubenfelder war hier bis 1842 auf 44 gestiegen. Laut der Karten des Markscheiders *Strauch* hatten sie außer den Namen der Eigner *Dommes* und *Böhme* die Namen Hildebrand, Himli (Himmlisches Glück?), auch Blumen- und biblische Namen. Aus Himli wurde Brauneisenstein mit nur 23 % Eisen gewonnen. Der Hildebrander Flügelort nach Osten überfuhr den Neuen Rothenberger Stollen und setzte sich im Rothenberger Flügelort mit zusammen 437 Lachtern (840 m) Länge fort. Beide verliefen auf einem Letten-Besteg. Dies bedeutete Spaltenfüllungen aus Tonschiefer, der in nassem Zustand aufquoll und schmierig war, im trockenen Zustand aber zerfallend. Ein Abbau war hier sehr gefährlich.

Der Eigenlehner der Grube Gut Glück wurde 1855 durch den Bau seines Schachtes Neue Zeche in Schulden gebracht und musste eine erhebliche Beihilfe aufnehmen.

f. Revier Rothenberg

Zu diesem Revier gehörten die Felder Oberer und unterer Rothenberg, Wasserberg, Schmaler Gang und Herrenberg. Letzteres bedeutet, dass hier kein Eigenlehner Besitzer war. 1669 wurde den Eigenlehnern dringend benötigtes Schachbauholz verweigert.

1744 warf die Hüttenverwaltung den Eigenlehnern vor, sie würden Eisenstein mit unbrauchbaren Bergen vermischen. 1794 drangen Julius Schröder, Just Haupt und Friedrich Hellring auf Auszahlung von irrtümlich zurückgehaltenen 80 Talern. Der neue Rothenberger Stollen, ab 1840 nahe des Alten Tiefen Rothenberger Stollens abzweigend, erreichte den Rothenberger Richtschacht nach 192 Lachtern (369 m). Er unterfuhr die Baue des *Herdam* und *Hasselberg*.

Entwicklung nach 1867

1867 waren im Amt Elbingerode 288 verliehene Grubenfelder registriert, davon im vorliegenden Gebiet. Sie verteilten sich folgendermaßen: Bomshai (28), Oberes. Tännchen (25), Unteres Tännchen (34), Prinzenhai (9), Büchenberg (17), Grefenhagensberg (17), Hildebrand (40), Rothenberg (15), Lindenstieg (53). Es förderten aber nur 27 Gruben. Um 1900 wurden sogar 517 verliehene Felder gezählt. Die Förderung ging jedoch rapide zurück. Die Grube Andreas Rößling lieferte an die Rothehütte im Jahre 1881 1014 t Eisenstein, im folgenden Jahr nur 669 t. 1921 wurden die Felder des Rothenbergs zum Vereinigte Großen Rothenberg zusammengefasst, man förderte hier aus dem Schacht Paula. Die Rothehütte gab 1925 ihren Betrieb auf und bis 1938 lag der Abbau still.

1930 hatten große Kapitalgesellschaften fast alle Grubenfelder an sich gebracht. In den Karten sind als Eigner verzeichnet: die Mitteldeutschen Stahlwerke Otto Arnold (Buckau bei Magdeburg), Botho Erbprinz zu Stolberg-Wernigerode und als größten Besitzer die Mannesmann AG (Düsseldorf). Als letzte Kleinbesitzer gaben die Eigner *Hartung, Hellring* und *Samuel* im Revier Lindenstieg auf.

Literatur

K. Brüning: Der Bergbau im Harz und im Mansfeldischen (1926)

O. Erdmannsdörfer: Erläuterungen zur geol. Karte von Preußen, Blatt Elbingerode (1926)

G. Gebhardt: Bergbau auf Eisenstein am Büchenberg bei Elbingerode, in; Unser Harz, H. 4 (2005)

G. Lindemann: Geschichte der Stadt Elbingerode (1909)

F. Peters: Der Bergbaulehrpfad am Büchenberg, in: Wernigeröder Zeitung, 13, (2002), Nr.7-9

W. Schleifenbaum: Das Schwefelkiesvorkommen am Großen Graben bei Elbingerode, in: Jahrbuch der Kgl. Preußischen Geologischen Landesanstalt (1905)

K. Schwertfeger: Eisensteingruben, Hochofen- und Hammerhütten im Bodegebiet des Harzes (1998)

J. G. Stünkel: Beschreibung der Eisenbergwerke am Harz (1803)

H. Wedding: Beiträge zur Geschichte des Eisenhüttenwesens am Harz, in: Zeitschrift des Harzvereins für Geschichte und Altertumskunde 14 (1881)

Quellen

58 Akten des Landesbergamts Clausthal-Zellerfeld: Bestände Hann. 84a Nr. 1441-1467, Niedersächsisches Hauptstaatsarchiv Hannover. Cal. Br.3 Nr.391, Karten der Mappen 1384, 1386, 1387.

3 Der Eisensteinbergbau im Sieber- und Kulmketal

Die Förderzahlen dieses Gebiets fallen im Vergleich mit anderen Abbaugegenden kaum ins Gewicht; dennoch gab dieser Bergbau vielen Harzbewohnern der Zeit von 1540 bis 1863 Lohn und Brot. Dass diese Arbeit sehr schwer war, ist an den steilen Abfuhrwegen ersichtlich.

Belegt ist der Bergbau ab 1680. Um 1860 galten die Lagerstätten als ausgebeutet. Der Bergbau am Eisensteinsberg und Königsberg wurden von Eigenlehnern ausgeübt, die hier Roteisenstein gewannen. Das Erz wurde in den Sieberhütten (vor 1756), der Steinrenner Hütte und der Lauterberger Königshütte verarbeitet.

Die Lagerstätten

Gatterer gibt an, dass schon um 1540 Bergbau am Eisensteinsberg umgegangen sei. Weitere Nachrichten stammen von 1662, als am Königsberg die Lettengrube mit einem tiefen Stollen und Wasserhaltung und am Eisensteinsberg vier Gruben an der Steinrenne bestanden. Erst ab 1680 werden dann Namen der Besitzer genannt.

Die Gruben waren im Besitz von Eigenlöhnern. Einerseits standen Gruben im Besitz der gleichen Familie, andererseits wechselten sie oft Besitzer und Namen, was die Zuordnung erschwert. Die Wechsel waren folge fehlender Anbrüche und hoher Aufschlußkosten. deshalb standen Gruben oft lange still, bis ein neuer Eigenlöhner sein Glück versuchte. 1833 und 1852 kostete z.Bsp. der Kauf der Grube 2.Wasserbad je 50 Reichstaler. Fast alle Grubeneigner waren irgendwann gezwungen, neue Erzmittel aufzuschließen. Wegen fehlender finanzieller Mittel beantragten sie Beisteuern (Zuschüsse) bei der hannoverschen Bergbehörde in Clausthal. Diese wurden auch zumeist bewilligt und betrugen 5-20 Reichstaler. Auch gab es Vorschüsse, wenn man in schwierigem und hartem Gestein, u.a. Granit, arbeiten musste.

Als besonders beschwerlich galt der Transport des Eisensteins zu Tal mittels einachsiger Karren im Sommer bzw. Schlitten im Winter. Die steilen Abfuhrwege am Südhang des Eisensteinsberges zeigen dies deutlich.

In bestimmten Zeitabständen fanden Generalbefahrungen der Gruben durch Bergbeamte statt, woraus sich Anregungen und Auflagen ergaben. So nahmen z.Bsp. 1792 folgende Personen an einer solchen Befahrung teil: Bergmeister *Breit-*

kopf, Bergschreiber *Schaefer*, Eisenhüttenregistrator *v. Falkenberg*, Bergvoigt *Weichsel*, Geschworener *Diener* und Auditor *Ostmann*. Es gab auch drastische Meinungsverschiedenheiten zwischen den Bergbeamten und den Eigenlöhnern. So schrieb 1765 *Heinrich Rosenberger* von der Grube Segen Gottes, dass ein bestimmter Geschworener ein „Hund und Spitzbube sei". Auf der Gegenseite urteilte 1816 der Oberhütteninspektor *Bartels*, über die Eigenlöhner *Schlösser* und *Ernst* auf der Grube Frisches Trum, dass „*Schlösser* einer der Dümmsten und Faulsten wäre und *Ernst* die Herrschaft (Bergverwaltung) hintergehe".

Der Eisenstein vom Eisensteinsberg und Königsberg wurde allgemein als gut beurteilt. Wegen der kettenartigen Struktur war dieses besonders als Stab- und Drahteisen geeignet. Bei der Bruchfestigkeit schnitt es dagegen schlechter ab. Als man 1777 auf der Lauterberger Königshütte verschiedene Eisensorten auf ihre Eignung zum Kanonenguß prüfte, landete das Eisen aus Siebertaler Erz auf einem abgeschlagenen Platz. Es wurden Roheisenstäbe von 1 Fuß Länge und 1 Quadratfuß Querschnitt belastet. Dabei brach vergossenes Granuliereisen bei 1915 Pfund, Elbingeröder Eisen bei 1720 Pfund und Eisen aus Erz der Alten Herrenzeche (Königsberg) und Oberen Jungenzeche (Eisensteinsberg) schon bei 1400 und 1600 Pfund.

Belegschaft und Entlohnung

Die besitzenden Eigenlöhner arbeiteten zumeist mit. In vielen Fällen teilten sich zwei oder mehr Eigenlöhner eine Grube, manchmal besaß auch ein Eigenlöhner mehrere Gruben. Die durchschnittliche Belegschaft einer Grube bestand aus ein oder zwei Hauern und 2-3 Klaubern (Jungen).Im Extremfall wurden 8 Mann genannt und nur selten konnte man sich einen Steiger leisten. Die Grubeneigner mussten auch für Werkzeuge und Material aufkommen.

Für den gelieferten Eisenstein zahlte die Eisenhütte den **Langerlohn.** Dieser schwankte pro Fuder zwischen 2 Talern und drei Talern und 5 Groschen. Der Langerlohn konnte bei schwierigem Abbau erhöht werden. 1765 bezahlte pro Woche und zwar für den Eigenlöhner oder Steiger 1 Taler 14 Groschen, für einen weiteren Hauer 1 Taler 6 Groschen und für den Klauber 12 Groschen bei einer Arbeitszeit von 12 Stunden pro Tag.

Förderung

In der Anfangszeit des Bergbaus im Siebertal förderten hier die wenigen Gruben pro Woche 1-1,5 Fuder Eisenstein, was je nach Eisengehalt 1-1,3 t entsprach. Die Eigenlöhner vereinbarten mit den Hütten gewisse Fördermengen pro Woche, die aber oft nicht einhaltbar waren. Die Differenz bedeutete die sogenannte Haldenschuld, die auch nach Aufgabe der Grube noch abzutragen war.

Für das gesamte Gebiet wurden 1763 die Vorräte an Eisenstein auf 170 000 Fuder (ca.200 000 t geschätzt. Ab 1700 förderten die Gruben mit 3-4 Mann Belegschaft pro Woche 3-4 Fuder Eisenstein bzw.pro Jahr ca. 200 Fuder. Dies galt z.Bsp. 1852 und 1856 für die Gruben Obere Steinrenne am Eisensteinsberg und die Gruben Unteres Hanebaumstal und die Alte Herrengrube am Königsberg. Gesamtmengen konnten nur in wenigen Fällen ermittelt werden. So wurden 1798 nur 1260 Fuder gefördert und 1800 gewannen 35 Gruben 3847 Fuder. 1851 gewann man aus 8 Gruben des Eisensteinsbergs 3270 Fuder und aus 7 Gruben des Königsbergs 2165 Fuder, also gesamt 5435 Fuder (ca. 6500 t).

Liste von Gängen und Gruben am Eisensteinsberg mit (Betriebszeit)

Steinrenner Gang mit den Gruben Untere Steinrenne oder Alter Zug (1680-1848), Mittlere Steinrenne (1692-1858), Obere, auch Neue Steinrenne (1799-1863). Bekannte Betreiber waren Häger, Haberland und Rosenberger. *Jungenzecher Gang* (1698-1858) mit den Gruben Jungenzeche (auch Junge Zeche), Wille des Herrn und Wilhelmszeche. Betreiber waren mehrere Mitglieder der Familie Palm.

Michaeliszecher Gang (1743-1853) mit den Gruben Alte und Neue Michaeliszeche, Weintraube und Glückauf. Bekanntester Betreiber war ein Häberle. Auf dem *3. Michaeliszecher Gang* wurden bis 1853 zwei Gruben betrieben.

Mindelzecher Gang, auch *Münnelzecher Gang* (1695-1853) mit den Gruben Hoffnung des Herrn, Neues Glück, und Andreasglück. Bekannte Eigenlöhner waren die Gebrüder Köhler.

Blauer Gang (1705-1858) mit den Gruben Alte Zufriedenheit, Abendröthe und Hilfe Gottes und deren Betreibern, der Familie Schlösser.

Für den Preiszecher Gang wurden keine Gruben, Betriebszeiten und Eigner bekannt.

Der *Palmzecher Gang* stand mit der Grube Neue Hoffnung 1820-1840 in Verhieb. *Flacher Gang* ohne Daten, der *Weiße Taube –Gang* (1840-1848) mit der Grube Weiße Taube.

Carlzecher Gang (1807-1832) mit Grube Carlszeche, *Einigkeiter Gang* mit Grube Georgs Hoffnung mit dem letzten Betreiber Obenauf.

Am Fuße des Eisensteinsberges baute man versuchsweise auf dem *Kupfergang* ab (keine Daten) und auf der anderen Seite des Dreibrodetals baute die Grube Zweckenkopfs Hoffnung.

Im oberen Dreibrodetal betrieb man erst spät (1805-1863) die Gruben Neues Glückauf und Neues Glück.

Gänge und Gruben am Königsberg

Hier konzentrierten sich im mittleren Bereich 11 Gänge, davon einige mit geringer Bedeutung.

Lettengang (1745-1863) beiderseits des Hanebaumtals mit den Gruben *Unteres Hanebaumtal und Nächste Lehen.*

Herrengang: Der zentrale Gang des Königsbergs schloß sich ostwärts an den Lettengang an.

Hier förderten die Alte Herrengrube (1695) mit den Eigenlöhnern Hartzig, Schorler und Birgelitz betrieben wurde. Zum Herrengang können die Gruben Wilhelma Hoffnung (bis 1856) und Morgenrose gezählt werden.

Hartensteiner Gang, Blankensteiner Gang und Uneinigkeiter Gang, ein Gangsystem, auf dem 1800-1857 abgebaut wurde, zuletzt auf der Grube Blanker Stein von den Gebrüdern Freudel.

Auguster und Engelhard-Gang: Südwestlich des Lettenganges wurde hier 1851 von Engelhard Lehmann abgebaut, nach dem der Gang benannt wurde.

Kesselsgang: Auf diesem südlich des Herrengangs gelegenen Gang bestand die Grube Königsglück, deren Eigentümer von 1762 bis 1857 Mitglieder der Familie Lehmann waren.

Der Wasserbader Gang unterläuft von SW nach NO den Lettengang: Er stand 1683-1857 in Betrieb, zu Beginn von H. G. Schlösser, gegen Ende von G. Feder.

Weit isoliert liegen im Nordosten des Königsbergs, gegenüber dem Eisensteinsberg, vier Gänge. Man betrieb auf dem Eiserne-Kuh-Gang die Grube Eiserne Kuh 1745-1785 durch Holland und Spengler. Die Grube Müllerszeche auf dem Müllerszecher Gang wurde 1692-1825 betrieben (1692 von Berward, 1825 von Winter). Auf dem Scharenzecher Gang arbeitete 1730 der Eigenlöhner Gruschwitz und ebenfalls 1730 auf dem Drei-Brüder-Gang die Gebrüder Wagner. Südlich des Zentrums bestanden 1681-1792 im Großen Bärental und im Quarztal Gruben auf dem Bachmannszecher Gang. Bekannt wurden hier als Eigenlöhner Mitglieder der Familie Häger.

Nicht zu Eisensteinsberg und Königsberg gehörend, aber zum Untersuchungsgebiet zählbar, lagen an der Westflanke des Sieberbergs die Gruben auf dem Frischen Trum. Hier wurde 1767-1835 von den Eignern Strauch, Stürmer und Ernst abgebaut. Weitere Gruben waren nicht lokalisierbar: Segen Gottes, Christians Glück, Ludwigs Glück, König Georg, Gabe Gottes, Blauer Busch, Hoff aufs Glück, Herbstglück und Georg Carl.

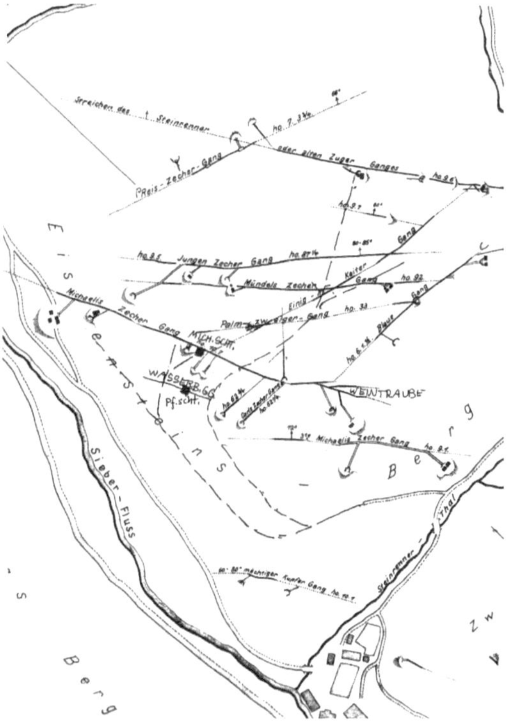

Abbildung 7: Karte der Gruben am Eistensteinsberg

Über Niedergang und Einstellung der Gruben ab 1850

Übergeordneter Grund war für alle Eisensteingruben und Eisenhütten im Harz, dass die außerhalb des Harzes liegenden Eisenhütten günstiger produzieren konnten. Sie besaßen Gruben mit günstigeren Abbaumöglichkeiten und Verkehrswegen und hatten zudem auf Steinkohlenfeuerung umgestellt, welche preiswerter war als Holzkohle Interne Gründe waren weiterhin die Forderungen der Harzer Eisenhütten nach höherprozentigem Eisenstein, die von manchen Gruben nicht erfüllt werden konnten. Gleichzeitig erschöpften sich die Lagerstätten und neue Anbrüche waren selten und teuer zu erlangen. Dazu kam noch, dass die Anlagen veraltet waren; so geschah die Wasserhaltung noch mit Kübeln.

Trotz guter Eignung des Eisens für Spezialzwecke befand die Bergverwaltung die finanziellen Zustände für unhaltbar und beschloß die Stilllegung der Gruben, auch von Hütten wie der Steinrenner Hütte für 1858. Einige wenige Gruben hielten sich bis spätestens 1863, darunter die erst 1860 in Betrieb gegangene Grube Neues Glückauf im oberen Dreibrodetal, sowie Georgs Hoffnung und Michaeliszeche (bis 1861).

Die Untersuchungen von Professor Bode 1920

Diese Arbeiten wurden für die Salzgitter AG durchgeführt, welche die Möglichkeit einer Wiederaufnahme des Bergbaus erwog. Professor A. Bode prüfte anhand der vorhandenen Betriebsakten und der Befahrungsberichte von 1863. Für den Eisensteinsberg ging er die Berichte von 18 Gruben der letzten 20 Betriebsjahre durch, für den Königsberg die Berichte von 9 Gruben der letzten 15 Betriebsjahre.

Beim Eisensteinsberg boten nur drei Gruben günstige Voraussetzungen – die Obere Steinrenne, die Obere Jungenzeche und die Alte Michaeliszeche. Sie zeigten bei Betriebsende gute Anbrüche, ohne dass man aber feste Voraussagen machen konnte. Weiterhin galten die Gruben Neues Glückauf und Wille des Herrn als zufriedenstellend.

Für den Königsberg wurden die Aussichten als vollkommen negativ beurteilt. Eine gewisse Hoffnung sah Prof. Bode darin, dass man bisher nicht unter man bei weiterem Abteufen an höffige Erzmittel gelangen könnte. Indes befand die Salzgitter AG die Aussichten als zu ungewiß, besaß sie zudem auf ihrem Gebiet zwischen Salzgitter und Goslar mehrere Erzgruben mit günstigen Bedingungen und festen Prognosen.

Literatur und Quellen

A. Bode: Über den Eisensteinbergbau auf Gängen am Eisensteinsberg und Königsberg (Bergakademie Clausthal 1920, unveröffentlicht)
Chr. Gatterer: Anleitung, den Harz und andere Bergwerke mit Nuzen zu bereisen, Band 3 (1790)
G. Gebhardt: Der Eisensteinbergbau im Sieber- und Kulmketal, in: Unser Harz, H. 1, (2006)
W. Ließmann: Historischer Bergbau im Harz (1992)
W. Ließmann: Erinnerungen an die Steinrenner Hütte, in: Glückauf Nr.4/5 (St. Andreasberg 1989)
R. Petri: Auf den Spuren vergangener Bergwerke, in: Rund um den Hausberg, Beilage des Lauterberger Tageblatts vom 18.3. und 8.6. 1960
P. Simon: Die Eisenerze im Harz, in: Geologisches Jahrbuch D 31 (Hannover 1979)
66 Akten des Niedersächsischen Landesamts Clausthal-Zellerfeld des Bestands 84a (Fächer 1346, 1368, 1383, 1430, 1431, 1437, 1447, 1448, 1452, 1457, 1462)
Akte des Niedersächsischen Hauptstaatsarchivs Hannover Hann. 41 VIII Nr.5

4 Die Manganerzgrube „Kaiser Franz“ bei Elbingerode (1855-1870)

Westlich von Elbingerode befand sich im Schävenholz (auch Schäben- oder Schebenholz) die ehemalige Manganerzgrube „Kaiser Franz“, in der von 1855 bis 1870 Braunstein (Mangansuperoxid) gewonnen wurde. Im 20.Jahrhundert folgten noch zwei Bergbauversuche, nämlich 1957/58 Erkundungen und 1981-1990 Abbau von Rhodonit.

Braunstein Mn O_2, entsteht durch Verwitterung, also durch chemische und physikalische Prozesse, der Minerale Rhodonit (Calcium-Mangan-Silikat Ca Mn ($Si_5 O_{15}$) und Rhodochrosit (Mangankarbonat Mn CO_3). Rhodonit und Rhodochrosit sind schwach rosa bis tiefrosa gefärbte Minerale, die als Schmucksteine verwendet werden. Bei der Verwitterung, entstand genauer gesagt, ein Gemisch aus Psilomelan (Hartmanganerz) und Pyrolusit (Bete-Mangansuperoxid).

Braunstein dient heute vielen Zwecken, z.Bsp. der Herstellung von Farben, Glasuren, Batterien. Im mittleren 19.Jahrhundert war Braunstein besonders begehrt von den Eisenhütten zur Erzeugung harter Stähle, die ihren Einsatz bei der Herstellung von Brechern, Gesteinsmühlen und oberflächenharten Werkzeugen fanden.

Die Lagerstätte

Die Manganverbindungen aus submariner Herkunft reicherten sich in den Kieselschiefern der Büchenberg- und Ahrendfeldserie an. Sie werden dem Kulm, dem unteren Abschnitt des Unterkarbon, zugeordnet.

Im Bereich der Grube „Kaiser Franz“ wurden die Erze in Form von Krusten, Linsen und Nestern mit einer Mächtigkeit von einem bis elf Metern oberflächennah angetroffen. Als Nebengestein traten Tonschiefer und Quarz auf. Laut einer Karte von Strauch 1859 verlief das Lager in SW-NO-Richtung als flach geformtes S, in dessen größter Breite die Grube „Kaiser Franz“ lag. Die soge. Kuxlöcher im Norden standen zwar im Manganerz, waren aber nicht bauwürdig. Weitere Schürfe am Petersholz, am Steinbach und an der Wormke waren ergebnislos. Schürfe an der Straße nach Hohne und am Zillierbach ergaben hohe Mangangehalte, aber ungenügende Mengen an Erz.

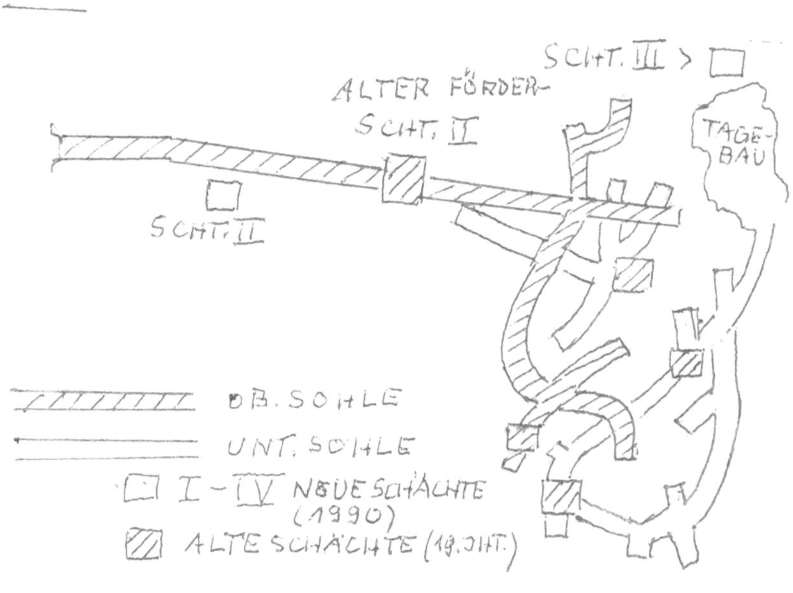

Abbildung 8: Grubenriß „Kaiser Franz“

Zur Geschichte des Bergbaus

Am 12. November 1855 legten die Elbingeroder Bergleute *Friedrich Herdam* und *Gottfried Reichardt* Mutung auf Eisenstein ein und begannen mit dem Tagebau. Das Mutungsfeld umfasste das Areal von 2 Bergen = 400 Quadratlachter = 2984 Quadratmeter. Es wurde indessen Manganerz gefunden, welches laut Analyse durch den Hüttenmeister Dr. *Streng* den Gehalt von 59,2 % Mangansuperoxid aufwies.

Es folgten Schmelzversuche im 1.Hochofen der Rothenhütte zur Erzeugung von Stabeisen, bei denen 3-5 % Manganerz zusetzte und gute Produkte erhielt. Das Ergebnis war allerdings, dass man *Herdam* und *Reichardt* sofort den Weiterbetrieb ihrer Grube verbot. Diese beschwerten sich bei der Amtsverwaltung Elbingerode mit der Begründung, mit der Belehnung zum Abbau berechtigt zu sein. Durch die Bergverwaltung, vertreten durch den Geschworenen *Borkenstein*, wurde der Einwand von *Herdam* und *Reichardt* mittels Strafandrohung wegen Ordnungswidrigkeit kurzerhand abgelehnt. Es wurde auch behauptet, dass Mangan nicht zum Bergregal gehöre.Erst 1859 rang sich die Bergverwaltung dazu durch, *Herdam* und

Reichardt eine Entschädigung von 50 Talern zu zahlen und ihnen Arbeitsplätze in ihrer ehemaligen Grube zu geben

Im ersten Betriebsjahr 1856 ging man vom Tagebau zum Tiefbau über, wofür zwei Schächte von 3 und 5 Lachten Teufe(6 und 10 m) niedergebracht wurden Man baute an zwei Örtern ab und gewann monatlich 60-90 Fuder (370-560 hann. Centner = 17,3-26,2 t) mit einem Gehalt von 62-64 % Mangansuperoxid. Die stark zusitzenden Wasser zwangen 1859 zur Auffahrung eines Wasserlösungsstollens. Man war auch gezwungen, das feuchte Erz zu trocknen. So plante man 1859 ein Trocken- und ein Scheidehaus. Das Scheidehaus sollte die Maße von 14x 31 Fuß erhalten und es sollten 18 Personen an einem Scheidetisch arbeiten. Es kam aber nur zur Übernahme von drei Gebäuden, nämlich von Gaipel, Bucht und Schuppen des aufgelassenen Rothenberger Richtschachts (2 km nördlich von Elbingerode).

1860 bezichtigte der Grubensteiger Holzberger, dass man ein Erzfeld von 40 Lachtern (ca.80 m) Länge aufgeschlossen habe, allerdings sei das Erz aus dem zeitweilig betriebenen Tagebau reicher als das aus dem Stollenbau, man dürfe auch nicht tiefer als 7 Lachter gehen. Das Grubenfeld „Kaiser Franz" grenzte im NO an das Feld „Kaiser Otto", im SW an das Feld „Viktoria" (mit 21 399 Quadratlachtern) und im Süden an das Feld „König Wilhelm" (mit 25 Quadratlachtern).

1861 bestanden der schon erwähnte Tagesstollen und vier Schächte. Man gewann das Erz in Strecken, Absinken und Hochbrechen auf recht kleinem Raum. Die Erzmächtigkeit variierte von 1 bis 11 Metern. 1867 wurde das Grubenfeld auf 500 000 Quadratlachter (1,84 Mio. qm) erweitert. Der neue Name der Grube war nun „König Wilhelm".

1869 kündigte sich durch geringer werdende Anbrüche an, dass das Lager bald ausgebeutet sein würde. Man förderte 1869 noch 6608 Zentner, musste sich aber im November 1870 zur Stilllegung entschließen. Am 6.7. 1870 kam es vor dem Hüttenamt Rothehütte zur öffentlichen Versteigerung des Grubenbetriebes. Es wurde nicht einmal das Mindestgebot erhalten, sodass das Werk für 1500 Taler an die Firma Otto Arnold in Magdeburg ging. Mangels Schriftgut muß angenommen werden, dass man die Anlagen demontierte und die Schächte verfüllte.

Es war relativ wenig bergmännisches Gerät verwendet worden. Das Inventarverzeichnis von 1870 belegt die Erzgewinnung den Bestand einer Brechstange, 80 Lachtern Haspelseil, 8 Kratzen, 2 Hämmern, 3 Fäusteln, 29 Fimmeleisen, mehreren Kübeln sowie als Leuchtmittel Unschlitt und Rüböl.

Die beiden späteren Bergbauversuche wurden 1957/58 mittels neuer Schächte und Schürfe ausgeführt, die aber keine bauwürdigen Vorräte antrafen. Beim 2.Versuch ab 1981 ließ die Bergsicherung Magdeburg zwei Schächte aufwältigen und gewann im Nachlesebergbau geringe Mengen Rhodonit zur Herstellung von Schmucksteinen.

Abbildung 9: Rhodonit-Probe

Über die Aufbereitung und Prüfung der Erze

Mehr als die Hälfte der Bergleute war mit der Aufbereitung beschäftigt, um verkaufsfähiges Erz zu gewinnen. Diese begann mit der Vorscheidung per Hand in der Grube, danach folgte die Nacharbeit im Scheidehaus, bei der bis zu 16 Personen eingesetzt wurden. Die Hauptmenge brauchbaren Erzes gewann man durch Klauben, nach 1862 wurden auch Maschinen verwendet: In diesem Jahr kaufte man zwei Setzmaschinen, 1863 eine Dritte aus England, mit der der Pochsteiger *Ernst* gute Erfahrungen machte. Auch wurden ab 1863 zwei „Rätter" (Rüttelsiebe) benutzt. Außerdem wurde für das Jahr 1868 berichtet, dass 9 Mann bei der „Trommelarbeit" eingesetzt waren, was den Einsatz von handgetriebenen Lösetrommeln (Siebtrommeln mit Wasserzulauf) anzeigt Die Inventarliste von 1870 vermerkt für die Aufbereitung 2 Trockenapparate, 4 Waagen, 15 Klaubbleche, einige Karren und verschiedene Arten von Trögen und Behältern.

In einem Anbau des Scheidehauses wurde in einer Art Labor „probiert", also der Mangangehalt bestimmt. Man wendete die Analysenmethoden von *Fresenius* und *Fikentscher* an und ermittelte als höchsten erreichten Wert 71 % Mangansuperoxides wirkte hier 1860-1863 der Bergschüler Müller, der für gute Arbeit mehrere „Remunerationen" (Zulagen) Raum erhielt. Er enthielt Mühle, Sandbad, Reibschalen, Röhren, Siebsätze, Trichter, Digeriergläser und andere Glasgeräte, auch 15 l Salzsäure und 3 l Salpetersäure.

Produktionsmengen und Erlöse.

Die Gesamtproduktion der Jahre 1855-1867 betrug 61 600 hannoversche Zentner (2881 t), davon wurde ein Überschuß von 23 300 Talern erwirtschaftet, was für eine kleine Grube wie „Kaiser Franz" sehr beachtlich war.

Jahr	Mengen in Zentnern	Überschuß Taler
1860	12830	-
1861	8641	-
1862	6215	3402
1865	6931	1853
1866	6810	2870
1868	7517	782
1869	6608	5675
1870	4620	2435

Der geringe Überschuß von 1868 war Folge der Baukosten für einen neuen Tiefen Stollen. Als 1.Qualität wurde Erz mit 62-65 % Mangansuperoxid verkauft. In den Mengenangaben sind die Verkäufe minderer Qualität mitenthalten 70-80 % des Erzes gingen an die Firma Aaron Hirsch in Halberstadt. Weitere Kunden waren die Chemische Fabrik Schönebeck, die Gebr. Eltzbacher in Rübeland, Kann (Hannover), Juncken (Hannover), De Haen (List bei Hannover), Müller und Keferstein (Berlin).

Belegschaft und Löhne

Die Belegschaft der Grube umfasste 3-4 Offizianten (Beamte) und 10-35 Bergleute je nach Arbeitsmenge.Einige Beamte sind ab 1859 bekannt: Grubensteiger *Wilhelm Holzberger* wirkte bis 1870 auch als Produktverwalter und Geschworener. 1863-1870 arbeitete der frühere Oberschlämmer *Wilhelm Ernst* als Pochsteiger, der nach der Grubenschließung bei der Rothenhütte als Aufseher der Eisensteinfuhren unterkam. 1868 wurden noch *Louis Frankenfeld* als Faktor und *August Piepenbrink* als Sekretär genannt. *Holzberger, Frankenfeld* und *Piepenbrink* mussten bei ihrer Anstellung hohe Kautionen in Form von preußischen Schuldverschreibungen hinterlegen, z.B. *Frankenfeld* 1600 Taler.

An Bergleuten arbeiteten 1861 vier zur Knappschaft und Büchsengeldkasse zugelassene Männer und sieben Tagelöhner. Es waren dies die Bergleute *Herdam, Nagel, Hartmann* und *Öhme* sowie die Tagelöhner *Heider, Schütze, Schröder, Tronnier, Erdmenger, Holland* und *Köhler*. Danach stieg die Belegschaft auf 35 Mann im Jahr 1868 an. Davon waren 6 Förderer, 6 Mann für Aus- und Vorrichtung, 1 Mann im Ausbau, 9 Mann zum Klauben, 2 Mann zur Setzarbeit, 9 Mann zur Trommelarbeit und 4 Mann für Nebenarbeiten.

Im Gedinge wurden 1859 pro Fuder ein „Langerlohn" von 22-25 Groschen gezahlt. Der Schichtlohn betrug 1868 für Bergleute 1. Klasse (Vollhauer) 16-20 Groschen, für die 2. Klasse (Bohrhauer) 13-16 Groschen, für die 3. Klasse (Förderer und Setzer), für die 4. Klasse (Klauber und Tagelöhner) 3-8 Groschen. Bei der Scheidearbeit wurde z.B. 1860 ein Lohn von 4 Groschen pro Zentner gezahlt. Bei starken Teuerungen zahlte die Hüttenverwaltung an Bedürftige ein Brotgeld von 2 Groschen in der Woche.

Zum Schluß der Aktenauswertung sei noch mitgeteilt, dass am 12.Dezember 1869 im Elbingeröder Gasthaus Köhler ein Fest mit Essen und Musik stattfand. Es wurden hierbei 27 Bergleute bewirtet und die Hüttenverwaltung gab dazu 16 Taler her.

Literatur und Quellen

O. Erdmannsdörfer: Erläuterungen zur Geologischen Karte von Preußen, Blatt Elbingerode (1926)

G. Gebhardt: Über den Betrieb der Manganerzgrube „Kaiser Franz", in: Unser Harz, H. 10 (2006)
R. Haage: Beitrag zur Genese des Kieselschiefer-Mangankiesel-Vorkommens im Schävenholz bei Elbingerode (Harz), in: Berichte der geologischen Gesellschaft der DDR, Band 9 (1964)
Römpp: Lexikon der Chemie (1952)
R. Strutz: Der Manganerzbergbau im Schäwenholz bei Elbingerode, in: Neuer Harzbote Nr. 11 (2002)
Infoschrift des Landesamts für Geologie und Bergwesen Sachsen-Anhalt anlässlich einer bergschadenskundlichen Analyse (Halle 1987)
14 Akten des Niedersächsischen Landesbergamts Clausthal-Zellerfeld

5 Die Nickelgrube „Großfürstin Alexandra“ bei Goslar und ihre Vorgänger

Im Großen Schleifsteintal südlich von Goslar, einem Nebental des Gosetals wurden auf dem Schleifsteintaler Gangzug Bleiglanz (PbS) und Zinkblende (ZnS) abgebaut. Das aber noch mehr begehrte Mineral war das Nickel-Mineral Gersdorffit (Nickel-Arsen-Sulfid, NiAsS),das nach der Entdeckung des Elements Nickel (1751) wirtschaftliche Bedeutung erlangte. Nickelerz wurde hier 1893 in nur 5-20 cm Mächtigkeit im sogen. Nickelgang angetroffen, der diagonal zwischen zwei Hauptgängen mit Bleiglanz und Zinkblende verlief.

Der Bergbau dieser Grube fand in drei zeitlich getrennten Betriebszeiten statt, nämlich der Periode der Grube „Abraham“ (17. und 18. Jh.), der der Grube „Carls Gnade“ (1748-1778) und der der Grube „Großfürstin Alexandra“. Der Bergbau dieser drei Betriebszeiten kann trotz Einsatzes starker Finanzmittel nur als Versuchsbau bezeichnet werden, da er nur geringe Ergebnisse erzielte.

Der Betrieb der Grube „Abraham“

Laut v. Hindte gab es diese Grube schon im 16.Jahrhundert, danach 1674 als Grube mit dem Namen „Anna“. Zwei Akten vermerken den Betrieb im Jahr 1682. Das Grubenfeld maß hier 1 Fundgrube = 80,6 m Länge, 1 Maß = 53,8 m die Fläche von einer Fundgrube und 4 Maßen Breite. Das Werk erforderte in den vier Bergquartalen von 31 Gewerken 232, 280, 96 und 62 Taler an Zubuße, was allein schon auf keine guten Aussichten schließen lässt. Auf der Grube angelegt waren der Steiger *Bergener* sowie die Hauer *Hilkemann, Spörr* und *Kirchhoff.* An Inventar waren vermerkt: 4 Keilhauen, 12 Bergeisen, 2 Haspelhörner, 2 Zimmerklammern, 1 Durchschlag, 2 Spitzkratzen, 3 Schaufeln und eine beschlagene Karre. Erwähnt ist noch der Bezug von „Schmer“ (Schmierstoff) für die Pumpenkunst, deren Abwasser durch Holzrohre geleitet wurde.

Der Betrieb der Grube „Carls Gnade“ (1744-1778)

Das Eigentum an dem Werk war auf 128 Kuxe verteilt, von denen 12 Kuxe dem braunschweigischen Herzog Carl zustanden. Die Hauptanteile besaßen aber *Johann*

Kahn, Zacharias Kahn und *Johann Thieß*, die bis 1750 ihre Anteile auf jeweils 30 Kuxe erhöhten. 1753 besaß sogar die braunschweigische Freimaurerloge Jonathan zwei Kuxe.

Angelegt waren 1745 ein Steiger mit 1 Taler Wochenlohn, ein Schichtmeister (25 Mariengroschen pro Woche) und 7 Arbeiter im Gedinge. 1746 wurden der Steiger *Johann* Kast, der Untersteiger *Johann Peter Langenberger*, vier „Bohrer" und je ein Gedingearbeiter und Ausschläger genannt.

Nach der Aufwältigung von Schacht und Stollen der Vorgänger betrieb man die Stollen in 14 und 42 m Teufe. Am 20.9. 1749 wurde die Grube von ihrem Namensgeber *Herzog Carl von Braunschweig* befahren. Im gleichen Jahr soll der braunschweigische Ingenieurleutnant *Georg Winterschmidt* hier seine Wassersäulenmaschine ausprobiert und bis 1761 betrieben haben. Die „Machine" soll einen liegenden Stößel und einen stehenden Balancier besessen haben, auch soll sie durch die Mechanik einer Hahnenkleer Grubenmaschine gesteuert worden sein. Dies alles muß bezweifelt werden, denn es wurde von einer Wiederaufwältigung im Jahr 1756 berichtet (also einer zeitweisen Stilllegung). Ein Bericht nannte 1769 den Steiger *Johann Hannig* und drei Gedingearbeiter. 1778 wurde die Grube außer fehlenden Anbrüchen auch wegen fehlendem Aufschlagwasser stillgelegt. Bis dahin waren 125 000 hannoversche Centner (1 Ctr. = 46,8 kg) Erz gewonnen worden.

Der Betrieb der Grube „Großfürstin Alexandra" (1864-1907)

1864 brachte der Harzburger Hüttendirektor *Castendyck* das Werk mit 1,84 Mio. qm Areal in seinen Besitz. 1872 ging der Betrieb dann an die Gewerkschaft „Glückauf", kurz danach an den Kölner Unternehmer *M. Neuerburg* mit dem Betriebsleiter *H. Moritz*. Wirksamer Betrieb erfolgte aber erst ab 1891 durch des Commerner Bergwerks- und Hütten-Aktien-Verein mit Sitz in Bonn. Diese Firma besaß u.a. mehrere Bergwerke im damaligen deutschen Elsaß. Es wurden 1891-1893 ein unterer Stollen und ein neuer Tagesstollen aufgefahren und dabei der Nickelgang getroffen. Mittels des auf 42 m abgesenkten alten tonnlägigen Schachts gewann man aus dem südlichen Hauptgang Erz mit 53-55 % Blei bzw. 34-48 % Zink, was erfolgversprechend aussah, besonders durch den Silbergehalt von 0,044-0,072 % in der Zinkblende und sogar 0,45 % im Bleiglanz. Den neu entdeckten Nickelgang erschloß man durch einen 1893 abgesenkten neuen Schacht von 74 m Teufe, der mit einer Fördermaschine von 80 PS versehen wurde, einen neuen Tagesstollen, einen neuen tiefen Stollen und einen Querschlag zur 70m-Sohle. Im günstigsten Fall traf man den Nickelgang mit 5-20 cm Mächtigkeit an, geriet aber zunehmend in Störungs- und Vertaubungszonen. Bis auf 129 m niedergebrachte Gesenke trafen auch keine besseren Verhältnisse an. Der Betrieb wechselte unterdessen zweimal den Besitzer. Er ging zuerst für 334 000 Mark an die Berliner Bankiers *Zielenziger* und *Rosenthal* und 1894 an die Gewerkschaft „Neue Kirche“ zu Auwallenburg bei Schmalkalden mit Sitz in Goslar. Man beschäftigte 1892 5 Untertagearbeiter, im Folgejahr sogar 28 Bergleute und 4 Übertageleute. Der Wochenlohn der Hauer betrug 2,70 Mark, der Förderleute 2,40 Mark und der Schlepper 2,30 Mark. In den Jahren bis 1900 pendelte der Personalstand beträchtlich. Es waren unter der Leitung von Betriebsdirektor Andresen bzw. Kollewe untertage 6 bis max.30 Bergleute angelegt und übertage 5-19 Mann beschäftigt. Auch die Fördermengen differierten stark: 1895 227 t, 1897 0 t, 1898 51 t, 1899 44 t, 1900 73 t Erz, davon aber nur 8 t Nickelerz.

Trotz aller negativen Aussichten investierte man 1898 in die Auffahrung eines Wasserlösungsstollens von 567 n Länge vom Hauptschacht zum Mundloch im Gosetal, in den Bau eines Bremsberges zu Tal, außerdem 1901 in eine Aufbereitung mit Klaubung, Mahlung und Setzmaschine, die aber nur vier Monate in Betrieb gewesen sein soll.

In den Jahren 1901-1907 wurde das Fördergut in 0,5 hl fassenden Wagen auf der 42 m-Sohle und über Rollen zum Füllort auf der 70m-Sohle transportiert. In diesem Zeitraum waren untertage 12-46 Personen und übertage 8-37 Personen beschäftigt. Das erhaltene Nickelkonzentrat wurde nach der Röstung als „Nickelspeise“ an chemische Fabriken verkauft, u.a. an die Firma *C. A. Kahlbaum* in Berlin.

1901 trat eine zeitweilige Stundung des Werks ein, deren Gründe Geldmangel wegen niedriger Verkaufspreise und Verweigerung der Zubuße durch die Gewerken waren. Der Betrieb hielt sich noch bis Mai 1907, danach wurden die Anlagen abgebrochen.

Der Ausklang

Das vorhandene Haufwerk wurde von *J.* und *L. Haas* erworben und verwertet. 1909 kaufte die Stadt Goslar das Areal mit dem Grubengebäude und verwendete es seitdem für ihre Wasserversorgung. 1967/68 erhielt der Goslarer Ingenieur *Rolf*

Godesberg die Genehmigung, den Neuen Tagesstollen aufzuwältigen und Untersuchungen durchzuführen. Diese Erkundung verlief dann ebenso negativ.

Literatur und Quellen

J. Dietrichs: Die Mineralien der Nickelgrube „Großfürstin Alexandra" im Oberharz, in: Lapis Nr. 6 (2006), S.28-30

G. Gebhardt: Der Betrieb der Grube „Großfürstin Alexandra", in: Unser Harz, H.2 (2012)

W. v. Hindte: Die ehemalige Blei. Zink- und Nickelgrube „Großfürstin Alexandra" bei Goslar, in: Kohle und Erz 29, 1926, S. 572-576

Akten des Niedersächsischen Landesbergarchivs Clausthal-Zellerfeld: Betr. Grube Abraham-Hann. 84a Acc.2 Nr.01486-,betr. Grube Carls Gnade Hann.84a Nr.09425, Hann.84a Acc.2 Nr.97, Hann 84a Acc.4 Nr. 162, 166, 172, 181-, betr. Grube Großfürstin Alexandra- Hann. 184 Acc.5 Nr. 1407, Hann. 184 Acc. 11 Nr.4345, Hann. 184 Acc. 12 Nr.4497, 4498, Nds.540 Acc.2 Nr.319.

6 Marmorgewinnung und -verarbeitung im ehemals hannoverschen Amt Elbingerode 1747-1777

In den Randzonen des vulkanischen Elbingeröder Komplexes bildeten sich an einigen Stellen durch thermische Umwandlung unter Druck (Metamorphose) aus Kalkstein Marmor. Nach den politischen Grenzen des 17.-19. Jahrhunderts, wurde das Gestein an folgenden Fundstellen gewonnen:

a) Im Herzogtum Braunschweig bzw. Fürstentum Blankenburg am Krockstein östlich von Rübeland (2. Phase 1715-1867) mit Verarbeitung in der nahegelegenen **Marmormühle Kreuztal.**

b) In der Grafschaft Stolberg-Wernigerode am Hartenberg nordöstlich von Elbingerode 15.-19. Jahrhundert). Dieser Marmorbruch wurde auch bekannt durch den Maler Caspar David Friedrich, der hier am 26. Juni 1811 Skizzen zu seinem späteren Gemälde „Denkmale alter Helden“ anfertigte. Dieses Gestein wurde in der Marmormühle Voigtsstieg südlich von Wernigerode verarbeitet.

c) Im hier behandelten Gebiet des ehemaligen Amts Elbingerode gewann man Marmor aus Brüchen nahe den früheren Eisenhütten Rothehütte und Königshütte an der Kalten Bode und im Schwefeltal westlich von Rübeland. Die Verarbeitung fand in der **Marmormühle Lucashof** hart südlich der Rothenhütte statt, zeitweise in einem Betrieb im Mühlental.

Nach Aktenlage ist die Betriebszeit auf 1747-1777 einzustufen. Es ist nicht ersichtlich, ob die Beendigung durch Absatzprobleme, Mangel an Rohstoff oder durch Konkurrenzdruck zustande kam.

Beschreibung von Gestein einiger Brüche

1) **Am Lehmberg** westlich Königshütte: Falber und blassroter Stein mit gelben und weißen Adern; vielfach nahm der Stein keine Politur an.

2) **Am Katzenberg** östlich Königshütte. Dunkelroter, auch falber Stein mit weißen Adern. Er musste möglichst ohne Sprengung gewonnen werden, da er sonst zerfiel.

3) **Am Bastkopf** nördlich Mandelholz: Schwarzgrüner Stein mit rötlichen Muscheln: Die Bänke bestanden aus großen Platten.

Diese Beurteilung stammt aus einem Bericht des Kammersekretärs *Bülow* von 1853.

In den Anfangsjahren waren die Gruben an den Weinschenk *Dohm* (Hannover) und den Kaufmann *Blauel* (Bremen) verpachtet, gingen aber 1755 wegen säumiger Zahlungen an den Staat. Bei schlechter Verkaufslage erwog man 1762 eine Stilllegung, verpachtete dann aber an den Vizeberghauptmann *v. Reden* und den Amtsschreiber *Brüel*, die je 1500 Taler Kaution hinterlegten.

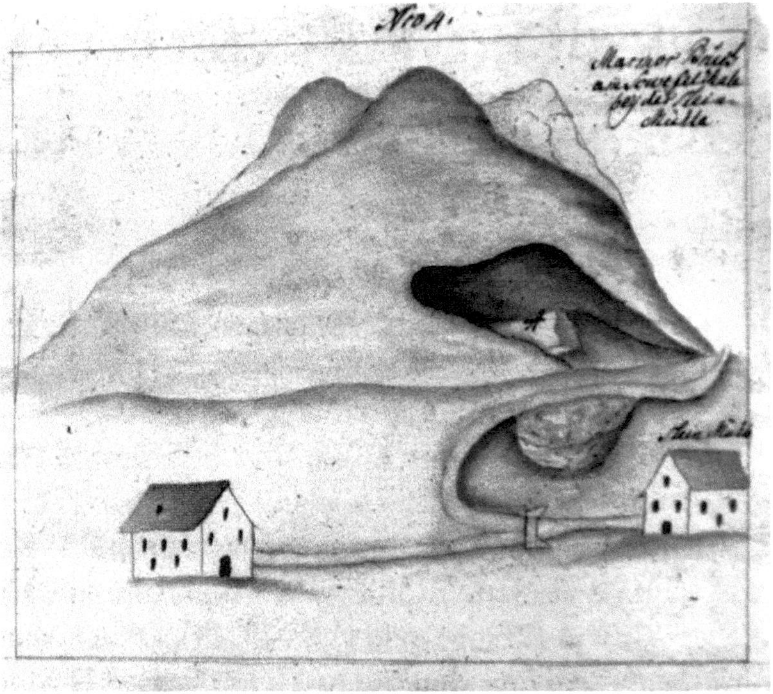

Abbildung 10: Marmorbruch bei der Steinmühle

Gebiet Mühlental/Unteres Schwefeltal

Hier, wo die Talmitte die Grenze zum Fürstentum Blankenburg bildete, bestanden ab 1773 auf Elbingeröder Boden die Gruben 1) **Am Kahlenberg**, 2) **Hinter Meyers Mühle**, 3) **Am Hahnenkleef**, 4) **Am Schwefeltal** nahe der Steinmühle.

1773 notierte man als Vorrat folgende Mengen an gewonnenen Blöcken: Am Kahlenberg = 27, Hinter Meyers Mühle = 45, Am Hahnenkleef = 17.

Die Gewinnung des Gesteins nach dem Abräumen des Kummers (Deckschicht) geschah durch Spalten mit Keilen, selten durch Sprengung. Die Arbeit wurde von Mannschaften aus 3-4 Männern ausgeübt, im vielen Fällen durch angeworbene Bergleute. Man gewann Blöcke von 6-10 Fuß Länge, 4-6 Fuß Breite und 1.2 Fuß Höhe. Einzelne Blöcke gingen direkt an die Kunden, die größte Menge jedoch zur weiteren Bearbeitung in der Marmormühle.

Inventarliste bei Einstellung der Steinbruchsarbeit

7 Laufkarren	5 Brechstangen	8 Schlägel	6 Kratzen
10 Keilhauen	10 Bohrfäustel	8 Stampfer	8 Wischer
7 Rammnadeln	9 Fimmeleisen	35 Setzeisen	6 Bergtröge
3 Bohrstanzen	3 Laufkarrensiele	3 Pulverbeutel	3 Eisenseile
1 Bohrklappe	12 zweimännische Bohrer	23 einmännische Bohrer	

Aus der Bearbeitungswerkstatt stammten außerdem noch 3 Handsägeblätter, ein Bleiblatt zum Polieren und 2 hölzerne Hand-Sägegestelle.

Über die Technik des Marmorschneidens wurde nur berichtet, dass die großen Blöcke mit einer Maschine mittels eines Eisenseils auf die Maße gebracht wurden. Eigentliches Schneidmittel war der aufgetragene Quarzsand, den man vom Langenstein bezog.

Die Verarbeitung in der Marmormühle Lucashof

Vor dem Betrieb der Marmormühle bestand hier eine Eisenhütte bis zur Zerstörung im Jahre 1628. Der Begriff Marmormühle ist eigentlich irreführend, denn hier wurde Marmor nicht gemahlen, sondern bearbeitet. Die Antriebskraft lieferte das Wasser eines aus der Bode abzweigenden Grabens, vielleicht eines früheren Hüttengrabens. Hauptprodukt waren raue und polierte Tischplatten von 3 ¼ Fuß Länge, 26 Zoll Breite und 2 Fuß Höhe. Weitere Produkte waren Fliesen, Kaminplatten, Särge, Gueridons (kleine Beistelltische), Mörser und Reibsteine für Apotheken. Die Herstellung „ausgeschweifter“ Tische mit Ausbuchtungen forderte zusätzliche Kosten in Höhe von 12 Mariengroschen pro Stück.

Unbearbeitete Blöcke (6-10 Fuß lang, 4-6 Fuß breit, 1-2 Fuß hoch) gingen an Bildhauer in Berlin, Potsdam, Hannover und Merseburg. Hier wurden genannt in Berlin Jean Boussant, Hoppenhaupt und Blume, in Hannover Wiedemann.

Für den Transport bruchempfindlicher Teile wurden diese in mit Stroh ausgepolsterten Kisten verpackt. Etliche Lieferungen gingen per Wagen nach Bodenfelde und von dort per Schiff weserabwärts.

Die Preisberechnung geschah nach verschiedenen Kriterien. So verlangte man z.Bsp. im Jahre 1760 für Tischplatten von 4 Fuß Länge und 26 Zoll Breite pro Stück 1 Taler 12 Groschen. Dagegen rechnete man 1763 nach Volumen ab und verlangte pro Kubikfuß rauen Marmors 18 Mgr.(Mariengroschen), pro Kubikfuß „poussierten" (bossierten) Marmors 33 Mariengroschen und pro Kubikfuß Fliesen 12 Mgr.

Für den Absatz in Berlin sorgte der dort ansässige Bruder des Marmormeisters Gehle. Er schrieb 1760, dass in Berlin kein Verkauf möglich wäre, da die Bevölkerung in panischer furcht vor dem Einmarsch russischer Truppen stünde. Überhaupt war der siebenjährige Krieg 1756-1763 außerordentlich schlecht für den Verkauf.

Produktion:

1750/51 100 Tische gesamt, davon 36 ausgeschweift, 90 Fliesen

1751/52 148 Tische, 12 Gueridons, 4 Reibsteine, 2 Mörser.

	Tischplatten	Spiegeltische		Tischplatten	Spiegeltische
1755	63	79	1760	65	19
1756	42	138	1761	20	-
1757	13	53	1762	4	-
1758	20	33	1763	15	-
1759	29	7	1764	28	16

Geldrechnung in Talern

Einnahme:	1755/56	- 609	1757/59	-1916	1774/76	-1259
Ausgabe:	"	- 1618	"	-1717	"	-1313
Gewinn:	"	-	"	- 199	"	-
Verlust:	"	-1009	"	-	"	53

Personelles und Löhne

Die Administration wurde auf der benachbarten Rothehütte von dem Oberfaktor *Justus Friedrich Meyenberg* und dem Faktor *Friedrich Ludolph Frankenfeld* ausgeübt.

In den ab 1773 betriebenen Brüchen arbeiteten:

a) Am Kahlenberg: Friedrich Helling, Johann Degenhardt, Georg Rindlin.

b) Hinter Meyers Mühle: Zacharias Seidel, Friedrich Roday, Heinrich Becker, Heinrich Grund.

c) Am Hahnenkleef: Justus Schröder jun., Gottfried Rößling, Friedrich Rindlin.

d) Bei der Steinmühle: Justus Schröder sen., David Becker, Georg Helling, Carl Schönfelder.

In den genannten Brüchen wurden von April bis Oktober 1773 in 22 Wochen jeweils pro Bruch 72 Schichten verfahren. Dafür wurden 312 Taler Lohn gezahlt. Der Schichtlohn betrug hier 8 Mariengroschen.

Betriebsleiter der Marmormühle Lucashof war vor 1771 Peter Gehle, nach seinem Tod Caspar Gehle.

In den Anfangsjahren der Marmormühle wurden Tagelöhner beschäftigt: 1748 Heinrich Hedderich, Johann Köhler, Heinrich Dieckmann und Christian Vogeley.

1757 Polierer Zacharias Badstübener, der „Sandklopper“ Georg Gehle und Steinhauer Christian Vogeley. Für das „Poussieren“ (Bossieren) zahlte man 1763 33 Mariengroschen pro Kubikfuß.

Verkauft wurde der bossierte Marmor für 1 Taler und 17 Mariengroschen pro Kubikfuß.

Quellen

G. Gebhardt. Marmorgewinnung und -verarbeitung im ehem. Hannoverschen Amt Elbingerode 1747-1777, in: Unser Harz, H.9 (2012)

Akten des Niedersächsischen Hauptstaatsarchivs Hannover:Cal.Br.3 Nr.439,Cal.Br.4 Nr.499/4

Akten des Niedersächsischen Landesbergarchivs Clausthal-Zellerfeld.Hann.84a Nr.4767-4772, Hann.84a Acc.7 Nr.2056, Hann.84a Acc.8 Nr.397,Hann.84a Acc.27 Nr.01029, 01034, 01039

7 Die Schulenberger Silberhütte 1701-1803

Der Platz der ehemaligen Schulenberger Silberhütte ist heute nicht mehr aufzusuchen, da er auf dem Grunde des Okersees liegt. Die Hütte befand sich auf der Südseite des Weißenwassers (Schalke), kurz vor dem Einlauf in die Oker, also im früheren Unterschulenberg. Man verarbeitete hier die Erze des Schulenberg-Festenburger Gangzuges, ergänzt durch Erze aus Zellerfelder Gruben. Die Hütte hatte Vorläufer seit 1291, wurde aber 1701 neu erbaut und arbeitete bis 1803. Die Gründe der Stilllegung müssen in Strukturänderungen im harzer Hüttenwesens gelegen haben, denn die letzte Schulenberger Grube schloß erst 1903. Versuche im 18.Jahrhundert auf der Schulenberger Hütte mit Hochöfen erzielten günstige Resultate, die aber erst später in anderen Hütten zum Tragen kamen

Über den Bau und die Anfangszeit der Hütte

Nachdem der Wardein (Münzbeamter) Beckers in Unterschulenberg eine private Hütte betrieben hatte, wurde 1701-1703 die neue Hütte erbaut. Sie umfasste zuerst nur je einen Schmelz-, Treib- und Brennofen, dazu einen Kohlenschuppen für 1600 Karren Holzkohle (1 Karren = ca.2,5 cbm oder 1 t) und ein Probier- und Wächterhaus. Die Baukosten sind mit 10 253 Reichstalern belegt. Das Antriebswasser erhielt man aus dem Weißenwasser und zusätzlich ab 1730 aus der Oker, das durch einen neuen Graben am Hang des Dietrichsberges herangeführt wurde.

Für den Bau dieses Grabens waren 4125 Reichstaler ausgegeben worden. In der Folgezeit betrieben vier Wasserräder jeweils die Gebläse von zwei Öfen. Bis 1720 war der Betrieb gewachsen. Ein Inventarverzeichnis belegt folgende Einrichtungen:

- eine Schmelzhütte mit 4 Öfen,
- eine Treibhütte mit 3 Öfen und einem Frischofen
- eine Brennhütte mit 3 Öfen
- eine Kupferhütte mit 2 Schmelzöfen und einem Garofen
- ein Kohlenschuppen
- ein Saigerhaus mit Saiger- und Darrofen

- ein Probier- und Wächterhaus
- ein Krätz-Pochwerk zum Pochen von minderwertigem Blei.

Das genannte Saigerhaus diente zeitweise als „Strentzenhaus“ (Strentze = Feuerspritze).

In der Silberhütte wurden die gerösteten Erze der Schulenburg-Festenburger Gruben Glücksrad, Treue, Cronenbergsglück, Gelbe Lilie, Weißer Schwan, St. Urban, Gnade Gottes, Königin Elisabeth und Juliane Sophie eingesetzt; dazu kamen die gerösteten Erze der Zellerfelder Gruben Regenbogen, Ring und Silberschnur, Haus Hannover, Bleifeld, König Karl, Silberner Mond, König Salomon und August Friedrich.

Laufend wurden Einrichtungen und Gebäude erneuert bzw. neu gebaut, z.Bsp. 1715 ein Schuppen für den Schlieg (Konzentrat), 1732 ein Brenngewölbe für einen Ofen und 1734 ein Schuppen für Kohle und Torf

Im Jahre 1732 wurden für die Schulenberger Hütte auf der Frau-Marien-Saigerhütte in Oker versuche mit einem neuen Windofen-Typ unternommen.

Für den Unterhalt der Aufsichtsbeamten, die von außerhalb kamen, wurden Gelder für Mahlzeiten, Goslarer Bier und Broyhan (ein obergäriges Weißbier), Tabak und Franzbranntwein abgerechnet.

Über den allgemeinen Betriebsablauf in früheren Silberhütten

Nach dem Rösten des Erzes zur Oxidation der Hauptmenge des Schwefels und Ausstrebung als Schwefeldioxid erfolgte die Weiterverarbeitung in drei Stufen:
Schmelzen. Als Beispiel einer Ofenbeschickung seien genannt: 30 Ctr. Röstgut + 36 Ctr. Schliegschlacke + 16 Ctr. Herdblei + 16 Ctr. Glätte + 6 Ctr. silberarmer Bleistein + 4 Ctr. Granuliereisen. (Schliegschlacke = Schlacke aus verhüttetem Konzentrat, Herdblei = bleihaltige Masse der Ofenauskleidung, Glätte = Bleioxid aus dem Treibprozeß, Granuliereisen = Eisenkugeln zur restlichen Entschwefelung).
Aus diesem Ansatz gewann man unter Verwendung von 660 Kubikfuß Holzkohle ein Produkt von 30 Ctr. silberhaltigem Werkblei und 15 Ctr. Bleistein. Dieses Schmelzen wurde mehrfach wiederholt und dauerte 6-8 Stunden; dadurch sammelte sich fast alles Silber zu einer brauchbaren Konzentration für den Treibprozeß an.
Abtreiben. Dem geschmolzenen silberhaltigen Werkblei wurde Luft aus dem Windofen zugeführt, wodurch das Blei zu Bleioxid oxidiert wurde, die als Glätte

oder Glötte durch die Glättegasse abfloß. Der Treibofen war wegen des Wärmeverlustes mit einer Haube abgedeckt, die man mittels eines Krans entfernen konnte. Zum Ende des Abtreibens erschien das Silber durch den Rest der Glätte mit glänzender Oberfläche, dem sogen. „Silberblick“. Die Bleiglätte wurde durch Kohlezusatz im Krummofen wieder zu Blei reduziert (Frischen).

Feinbrennen des Silbers. Das noch Verunreinigungen enthaltende Blicksilber aus dem Treibofen wurde in Tongefäßen, die mit einer Mischung aus Knochenmehl und Asche ausgekleidet waren, im Brennofen 2-3 Stunden gebrannt. Man erhielt dadurch ein reines, glänzendes Silber.

Das gerade Messer mit Holzgriffen A. Das gekrümmte Messer, ebenfalls mit Holzgriffen B. Das gekrümmte Messer ohne Holzgriffe C. Das Sieb D. Die Kugel E. Die eiserne Tür, welche der Meister beim Feinbrennen herabläßt, damit die Hitze des Feuers die Augen nicht schädigt F. Das Gerät zum Auflegen der Hölzer beim Feinbrennen des geschmolzenen Silbers G[40]. Sein eines Ende greift in die Öse eines anderen, in das Ofenmauerwerk eingelassenen Gerätes H. Der Testscherben mit glühenden Kohlen I.

Abbildung 11: Feinbrennen von Silber

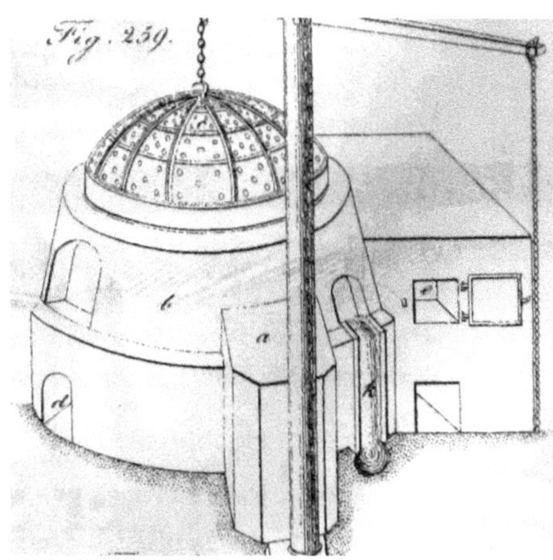

Abbildung 12: Silber-Treiböfen

Die hier arbeitenden Feinbrenner hatten eine verantwortungsvolle Aufgabe. Ein Feinbrenner erhielt pro Mark Brandsilber (234 g zu 16 Lot zu je 14,6 g) 9 Pfennige Lohn, musste aber Gehilfen, Geräte und Kohle davon bezahlen.

Außer der Gewinnung von Silber, Blei und Glätte konnte man bei genügendem Kupfergehalt des Erzes bzw. des Schliegs Schwarzkupfer (Rohkupfer) erzeugen. Dies geschah durch mehrfaches Rösten im Krummofen und oxidierendes sowie reduzierendes Schmelzen auf dem Garherd. Auf der Schulenberger Hütte gewann man aber nur geringe Mengen an Kupfer, so 1731 20 Ctr. und 1740-1750 jährlich nur 2-6 Ctr. Garkupfer.

Einige Betriebszahlen

1720/21 Produktion Silber 34 Mark (1 Mark = 234 g) (= 7,956 kg) im Wert von 544 Talern, Produktion Blei 529 Ctr im Wert von 2307 Talern

1772/7 Produktion Silber 37 Mark und 13 Lot (1 Lot = 14,6 g) = 8,848 kg

Eingesetzt wurden beispielsweise 23 Rösten Erz aus vier Schulenberger Gruben mit einem durch Probieren ermittelten Silbergehalt von 118 Mark und 6,5 Lot = zusammen 27,24 kg Silber. Nach dem Schmelzen erhielt man 511 Ctr. Werkblei und daraus nach dem Abtreiben und Brennen 118 Mark Silber, zusätzlich gewann man 205 Ctr. Bleiglätte. Man verbrauchte dafür 56 Karren Holzkohle und 174 Malter Holz und Wasen (Reisig).

Gewinn- und Verlustrechnung (in Talern)

Jahr	Einnahme	Ausgabe	Verlust
1740/41	1048	2059	1011
1760/61	1265	2100	835
1780/81	2076	4570	3594
1894/95	905	2919	2014

Schmelzversuche in Hochöfen 1771-1795

Die ausgewiesenen Verluste zwangen schließlich zur Aufgabe. Jedoch hätten die in der Schulenburger Hütte gemachten Versuche das Betriebsergebnis verbessern können; wenn man die gewonnenen Ergebnisse angewendet hätte. Erst 1810 geschah dies in anderen Hütten und auch nur kurzzeitig.

Unter der Leitung des Hüttenmeisters *Brüel* führte man diese Versuche in einem eigens errichteten Hochofen mit anschließendem Cupolofen (Cupolo) für die Niederschlagsarbeit (Entfernung von Schwefel) aus. Auch arbeitete man zeitweise mit einer halben Beschickungsmenge. Es wurden mehrmals 30 Rösten eingebracht und man verglich die Ergebnisse mit denen der üblichen Methode. Es ergab sich, dass der Einsatz eines Hochofens die bisherigen Silberverluste ausglich, aber wie oben gesagt, endete man die neue Methode nicht an.

Personalia

Aus den Akten und dem Hannoverschen Staatskalender sind die Hüttenmeister, Hüttenschreiber und Hüttenwächter als Offizianten (Beamte) bekannt; aus den Namen erkennt man die Aufstiegsmöglichkeiten:

Hüttenmeister: Um 1707 Kern und Knorre/1720 Wilde und Töpfer/1740 Haufe/1749 -1753 Büttner/1754 Johann Bähr/1755 und 1756 Johann Bähr und Georg Wimmer/1757 Georg Wimmer/1758-1763 Julius Reiche/1766-1783 Johann Elster/1784-1788 Georg Reiche/1789 unbesetzt/1790-1797 Johann Madlung.

Hüttenschreiber: Um 1707 Pfeffer/1710 Broitzen/1750 Büttner/1766-1797 Julius Reiche.

Hüttenwächter: 1749 Heinrich Schmidt/1750 Johann Bähr/1753 Heinrich Schmidt/1754-1763 keine Nennung/1764/65 Johann Elster/1766-177070 keine Nennung/1771-1776 Kastenbein/1777-1783 Heinrich Borkenstein/1784-1786 Schmidt/1787-1790 Johann Madlung. In den Jahren 1734-1739 wurden als Betriebspersonal außerdem genannt 10 Schmelzer-8 Vorläufer-1 Schlackenläufer, für die Treibhütte 9 Treiber und 6 Schürknechte, für die Brennhütte 2 Brennmeister und 4 Brennknechte.

Literatur und Quellen

G. Agricola: Zwölf Bücher vom Berg- und Hüttenwesen, (Nachdruck 1978)

*C. Gatterer:*Anleitung,den Harz und andere Bergwerke mit Nuzen zu bereisen (1785*)*

G. Gebhardt: Die Schulenberger Silberhüttevon 1701 bis 1803, in: Unser Harz, H.8 (2009)

B. Kerl: Die Rammelsberger Hüttenprozess (1861*)*

H. Spier: Das Rammelberger Gold (1992

A. Lampadius: Handbuch der allgemeinen Hüttenkunde (1818)

24 Akten des Niedersächsischen Landesbergarchivs (Bestände Hann .84a ,Acc.7, 8, 17, 24, 25, 279

8 Die Steinrenner Eisenhütte im Siebertal

Im oberen Siebertal, am Zufluß des Dreibrodebachs in die Sieber stand von 1789 bis 1859 die Steinrenner Eisenhütte in Betrieb. Sie erzeugte hauptsächlich aus dem Erz der nahegelegenen Eisensteingruben des Eisensteinsberges und des Königsberges Roheisen für die Lauterberger Königshütte. Als sich die Erzlager erschöpften und die außerhalb des Harzes gelegenen Hüttenwerke von der Holzkohle zur preisgünstigeren Steinkohle übergingen, zwang der Kostendruck zur Einstellung des Werks. Heute findet man hier nur wenige Relikte, weil fast alle steinernen Zeugen abgetragen und wiederverwendet wurden.

Die Erbauung der Steinrenner Hütte

In der ersten Hälfte des18.Jahrhunderts übernahm die kurhannoversche Bergbehörde private Eisenhütten und gründete auch neue staatliche Eisenhütten (u.a. die Rothehütte, Sollinger Hütte und Lauterberger Königshütte). Als sich die Absatzlage für Eisen und Eisenwaren nach dem Siebenjährigen Krieges (1756-1763) stark abschwächte, entwickelte *Berghauptmann* Claus Friedrich v. Reden (1736-1791) ein neues Betriebs- und Vertriebssystem für alle staatliche Eisenhütten, den Staatlichen Eisenhüttenverbund. Außer der Erneuerung bestehender Hütten wurden Neben- oder Satellitenhütten (darunter die Steinrenner Hütte)in der Nähe von Haupthütten erbaut, welche die Aufgabe hatten, für die Hauptwerke Roheisen herzustellen. Ab 1795 hatte sich das v. Reden'sche Konzept durchgesetzt und bewährt.

Die Steinrenner Hütte wurde 1788/89 am Zufluß des Dreibrodebachs (früher Steinrenner Bach) in die Sieber errichtet. Hier lagen in direkter Nähe die Eisensteinsgruben am Eisensteinsberg und am Königsberg, die von Eigenlehnern (auch Eigenlöhner) betrieben wurden.

Auch war hier genügend Wald zur Holzkohleerzeugung vorhanden. Etwas nördlich des erwählten Hüttestandorts sind wenige Relikte von früheren Hüttenanlagen erhalten, deren Betrieb bisher noch nicht durch Schrifttum belegbar ist, außer dass H.Wedding von einem Blauofen (von to blow = blasen) um 1765 schreibt.

Der Bau der Steinrenner Hütte begann auf Anordnung v. Reden's im August 1788. Als erste Maßnahme wurden die Wasserzufuhr für den Antrieb der Maschinen sowie der Bau von Wegen und vier Brücken in Angriff genommen. Das bedeutete die Aushebung eines 175 Lachter (= ca.350 m) langen Hauptgrabens, der Sieberwasser heranführte. Der Graben überquerte den Steinrenner Bach in einem Aquädukt und erhielt auch über einen Stau Wasser dieses Bachs. Das Wasser wurde auf Blasrad und Pochantrieb verteilt und floß nach Nutzung durch eine 45 Lachte lange Rösche ab, die auf 36 Lachter verzimmert wurde.

Im Januar 1789 war der Großteil der Anlagen und Gebäude fertig mit Ausnahme der Wasserbauten für das Blasrad des Hochofens und der Schuppen für Eisenstein und Holzkohle.

Ebenfalls war das große Wohnhaus für die Offizianten (Beamten) im Bau begriffen.

Die Oberaufsicht über die Baumaßnahmen führte der *Geschworene Dannenberg*, ihm unterstellt war der *Schichtmeister Kolle*. Als Ausführende der Holzbauten wurden die Zimmermeister Linde, Heise und Apel genannt, für die Steinbauten Maurermeister Francke.

Für den Aufbau des Hochofens wurden verwendet: als innere Schachtsteine Produkte aus Eichsfelder Ziegeleien, für die Außenmauer Steine des Sieberbetts. Die Baukosten (Gesamtabrechnung 1792) beliefen sich auf 5716 Taler, die sich folgendermaßen verteilten:

Wasserbauten = 565, Kohlen- und Eisensteinschuppen = 604, Wohngebäude = 1619, Hochofenhaus mit Möllerhaus, Radstube und Gebläsestube = 624, Pochwerk = 223, Backofen = 30, Allgemeines wie Hüttenplatz, Abtritte und Feuerspritze = 217 Taler. Zum besseren Verständnis der Anlagen sei ein *Inventarverzeichnis* von 1845 über die Gebäude zitiert, wobei sich ab 1789 Änderungen ergeben hatten.

A) Betriebsbereich

1. Graben zur Hütte, Länge 1635 Fuß = 466 m

2. Hochofengebäude 68 x 60 x 19 Fuß (19,4 x 17, 1 x 2, 1-5,4 m) mit dem Hochofen mit 24 Quadratfuß (1,96 qm) Grundfläche, einem „Rauhschacht“ von 6 ½ (1,85 m) lichter Weite und einer Höhe bis zur Gicht von 28 Fuß (8,0 m).

2a. Anbau einer Schlafhütte mit zwei Betten

2b. Anbau einer Hütte mit Puddelofen und Winderhitzer

3. gemauerte Radstube von 30 x 9 Fuß 8,6 x 2,6 m9

3a. Gebläsewasserrad von 17 ½ Fuß Höhe (5,3 m)

3b.Zwei Kammern von 20 x 7 Fuß (5,7 x 2,0 m) für zwei Zylindergebläse und Wärmeöfen

3c. Gichtlauf (Beschickungsrampe) von 68 x 7 Fuß (19,4 x 2,0 m)

4. Möllergebäude von 27 x 32 x 24 Fuß (7,7 x 9, 1 x 6,8 m) in Fachwerkbauweise und Dielenschalung.

5. Pochhaus von 40 x 20 x 9 Fuß (11,4 x 5,7 x 2,6 m) mit Antriebsrad von 13 Fuß (3,7 m) Höhe und 6 Pochstempeln

6. Hammerwerk (Schmiede) von 33 x 21 x 9 Fuß (9,4 x 6,0 x 2,6 m) mit Stirnrad, Triebrad und Ambossen

7. Eisensteinmagazin von 117 x 45 x 19 Fuß (31,9 x 12,8 x 5,4 m)

Kohlenmagazin von 90 x 60 x 40 x Fuß (25,7 x 17, 1 x 11,4 m)

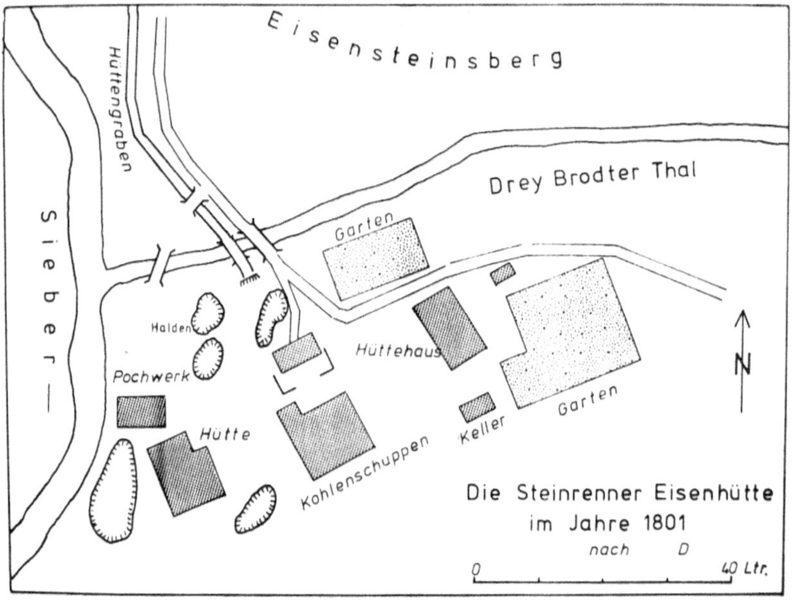

Abbildung 13: Plan der Steinrenner Hütte

B) Wohnbereich

Es bestand ein Wohnhaus von 74 x 40 x 16 Fuß (21, 1 x 11,4 x 4,6 m) Grundfläche in zwei Etagen in Fachwerkbauweise mit Verschalung mit zwei Haustüren.es enthielt 8 Wohnungen mit Küche, Stube und Kammer für die Offizianten (Beamten) Im Untergeschoß befanden sich die Wohnungen des Hüttenmeisters, des Hüttenschreibers und des Kohlenvoigts, dazu die Hüttenschänke in Regie des Kohlenvoigts. Zu den Haushalten gehörten ein Backofen, Ställe und Gärten. Die Wasserversorgung besorgte eine hölzerne Röhrentour von 120 m Länge.

Zum Einzugsbereich zählte eine südlicher gelegene Sägemühle. Sie wurde schon 1652 erwähnt und wurde 1738 als Kornmühle genutzt.

Im Gegensatz zur Ausstattung der Bergwerke besaß das Hüttenwerk eine Umfangreiche Menge an Werkzeugen, Instrumenten und Transportmitteln.

Inventarliste von 1793 bzw. 1849

Werkzeuge: Kratzen, Schaufeln, Kellen, Ambosse, Hämmer, Schlackenhaken, Schlegel, Stampfer, Zangen, „Gänsespieße" zum Dirigieren der „Gänse" (Gußbarren)

Instrumente: Maße für Eisenstein und Kohle

Transportmittel. Karren, Kübel, Aufgabekästen

Weitere Arbeitsmittel: Siebe, Ringel, Bleche aller Art, auch eine „Feuerkluft" (Schutzanzug)

Der Hochofenbetrieb

Vorbereitung und Ausgangsmaterialien

a. *Eisenerz und Zuschläge*: Der Eisensteinbedarf von jährlich ca.3300 Fudern (ca.4000t) mit einem Mindestgehalt an Eisen von 35 % wurde mit 2300 Fudern aus den Gruben des Eisensteinsberges und des Königsberges gedeckt. Den Rest bezog man aus den Gruben von Lerbach und Elbingerode, was einen langen Anfuhrweg bedeutete. Der Eisenstein wurde geröstet, um ihn für das Pochen zu lockern und um mögliche Schwefelverbindungen zu entfernen. Der gepochte Eisenstein wurde mit den Zuschlägen und Flußmitteln vermischt, welche Schlackebildung und Senkung des Schmelzpunktes bewirken. Man erhielt Kalkspat von St. Andreasberg, Braunspat von der Grube Königsglück im Siebertal, Flussspat aus dem Andreasbachtal bei Barbis, Mergelschiefer vom Butterberg südlich von Lauterberg, auch Marmor. Von der Möller genannten Mischung benötigte man täglich 90 Kübel (1 Kübel = 140 Pfund), bestehend aus 76 Kübeln Eisenstein, 12 Kübeln Zuschlag und Flußmittel und zwei Kübeln Lauterberger Frischschlacke. Der Anteil der Zuschläge konnte sich auch drastisch erhöhen, so betrug er 1793 im Verhältnis 1:3, was wohl bedeutet, dass der Betrieb noch nicht richtig eingefahren war.

b. *Kohle*: Die Holzkohle gewann man möglichst aus nahen Forstrevieren. 1800 wurde n die Reviere Bährental, Langental, Sonnenberg, Kirchberg, Hölle und Göddekental genannt. An Köhlermeistern waren Tepperwien, Reuper, Klaproth, Grobecker, Türcke, Füllgrabe und Böhnhold angeführt. Im Jahre 1799 war ein so starker Holzmangel eingetreten, dass Hütteninspektor Stünckel für eine zeitweise Stilllegung der Hütte eintrat, was aber nicht nötig wurde. Die Holzkohlelieferungen bestanden zu einem Drittel aus „harter Kohle" (Buche), zu zwei Dritteln aus „weicher Kohle" (Tanne, Fichte).

Transport: Man transportierte in „Fuderhöhlen", also einachsigen Wagen mit Körben in zwei Größen. Die für schlechte Wege besser geeigneten kleineren Körbe fassten an Eisenstein ca. 1,2t, an Holzkohle ca. 1,0 t. Durch Abrieb und Zusammenrutschen entstand bei der Fahrt ein Verlust, die sogen. Krimpfe. Bei Ankunft bei der Hütte wurde mit dem Kohlenvoigt abgerechnet. Dieser führte auch Listen über Bestand und Verbrauch an Kohle. Im Dienst der Hütte standen Fuhrleute mit 1-2 Gehilfen und 16-20 Pferden. Sie wurden nach Anzahl der Karren bezahlt, wobei die Wegeslänge und Erschwernisse einflossen.in Teuerungszeiten gab die Bergverwaltung Zuschüsse als „Hafergeld" und bei verunglückten Pferden als „Beisteuer" zur Neuanschaffung.

c. *Hochofenbetrieb*: Die im Möllerhaus vorbereitete Menge an Mischung (Möller) wurde über eine Rampe mit Aufgabekästen zum Möllerboden befördert. Die stündliche Aufgabemenge (eine Gicht) umfasste 5 Maß Kohle (ca.0,5 t), 600-700 Pfund Eisenstein (0,28-0, 33 t) und eine entsprechende Menge an Zuschlag. Der zur Erzeugung hoher Temperatur nötige „Blaswind" wurde durch zwei Zylindergebläse erreicht, die von einem Wasserrad angetrieben wurden. Jeweils nach 24 Stunden erfolgte der Abstich, bei dem flüssiges Roheisen und flüssige Schlacke getrennt abgezogen wurden. Das Roheisen erkaltete im Sandbett zu den sogen. „Gänsen" (von „ganzem Guß"), die dann zur Weiterverarbeitung in der Lauterberger Königshütte gefahren wurden.

Man erzeugte auf der Steinrenner Hütte nur Roheisen in 6 Gattungen, das sich für die Herstellung von Öfen und Ofenplatten eignete, auch wurde Eisen für Drahtseile erzeugt.

Durch Pochen der Schlacke und Waschen erhielt man das eingeschlossene perlförmige „Wascheisen"). Dieses besonders für die Schwefelabtrennung bei der

Silbergewinnung Niederschlagsarbeit) gewonnene Eisen fiel jährlich zu ca. 500 hann. Ctr. (23 t) an.

Eine Arbeitskampagne (Blaswerk, Ofenreise) dauerte 2-3 Jahre Danach wurden Reparaturen oder Neuausmauerung an den Hochofenanlagen durchgeführt.

Um die Kosten an Holzkohlen zu senken, wurden 1849 Versuche unter der Leitung des Okerschen Hüttenmeisters *Ahrend* mit einem eigens aufgestellten Puddelofen unternommen. Hierbei erzeugte man Brenngas aus Materialien wie Holz verschiedener Art (Späne), Torf, Braunkohle und Koksklein. Es waren zuvor Versuche am Goslarer Rammelsberg mit „Coaksstübbe“ erfolgreich verlaufen. Man schmolz nicht bei den Versuchen, sondern beurteilte, wie schnell Eisenstäbe auf Weißglut erhitzt wurden. Als bester Brennstoff erwies sich Buchen-Quandelkohle, als schlechtester Fichtenspäne. Den nun eingesetzten Puddelofen gebrauchte man zeitweise zur Stahlherstellung.

Man gewann 100 Ctr. Roheisen aus 26-43 Fudern Eisenstein und 16-20 kleine Karren Holzkohle (1 Fuder Eisenstein = 1, 2 t, eine kleine Karre Holzkohle = 1,0 t).

Material- und Produktmengen ausgewählter Jahre

Jahr	Fuder Eisenstein = t		Holzkohle t	Roheisen Ctr. = t	
1792 /93	2484	2980	3148	7194	335
1800/01	2284	2740	3289	5898	275
				82940	3873
1852/53	4109	4930	3886	15222	711
1853/54	1978	2373	1781	7747	362
1854/55	3608	4330	2703	14614	682
1855/56	2847	3416	2395	11673	545
1856/57	3505	4206	3131	14111	659
1857/58	1966	2359	1502	7700	360
1858/59	1819	2183	1443	6852	320

Personal und Löhne

Oberster Beamter war der Hüttenschreiber, der alle Betriebsdaten erfasste und an seinen Vorgesetzten auf der Königshütte in Lauterberg weitergab. In den Akten wurden genannt: 1793-I1794 Carl August Koch, 1795 Johann Quensell, 1796-1799 Gottlieb Weinschenk, 1800-1801 Traugott Graßhoff, 1 802-1803 Johann Stünkel,

Angaben für 1804-1808 fehlen, wohl Verwalter der Königshütte, 1818-1819 Christian Ernst, 1820-1828 Carl Quensell, 1829 Stelle vacat (unbesetzt), 1830-1839 Ernst A. Stelzner, 1840-1852 Theodor Seffers, 1853-1854 E. Bock, 1856 Theodor Seffers, 1857-1859 E. Bock.

Ausgewählte Geldrechnungen in Talern

Langerlöhne für Eisenstein/Flußmittel	1792/93 = 7215	1800/01 = 6555
Köhlerlöhne	1792/93 = 1250	1800/01 = 1350
Fuhrlöhne	1792/93 = 2057	1800 /01 = 2856
Einnahmen durch Roheisen	1792 93 = 13366	1807/08 = 18958
Verluste	1807/08 = 2561	1850/51 = 970

Genannter Johann Quensell erhielt 1825 einen monatliche Sold von 32 Talern, 9 Groschen und 9 Pfennigen. Während die Hüttenschreiber oft wechselten, blieb die Hüttenmannschaft rechtkonstant. Sie umfasste einen Hüttenmeister, einen Kohlenvoigt, 1-3 Nachknechte, 2 Aufgeber, je einen Pocher für Eisenstein und Schlacke sowie 5-15 Tagelöhner je nach Arbeitsanfall, manchmal auch bis 30 Mann. Die Tagelöhner waren meist nicht zur „Büchsengeldkasse“ (Knappschaftskasse) zugelassen.

Da nur „Gänse“ (Barren) gegossen wurden, waren keine ausgebildeten Former nötig 1798 wurden genannt: Hüttenmeister Wenzel, Kohlenvoigt Fr. Käse, sowie die Nachknechte Feder, Winter und Schlamelcher.

1798 bestand die Hüttenmannschaft aus dem Hüttenmeister Wenzel (Monatslohn 7 Taler und 1 Taler Wartegeld), Kohlenvoigt Dietrich (9 Taler), Nachknecht Bergmann (5 Taler 12 Groschen), den Aufgebern Dolitz und Saatze (je 5 Taler), dem Pocher Pfeifer (3 Taler 2 Groschen) und 8 Tagelöhnern (je 1 Taler).

Von 1843 bis 1858 war die Stammbelegschaft fast unverändert, nämlich 15-17 Mann. Es waren dies 1848 der Hochofenmeister E. Dietrich (9 Taler), Kohlenvoigt Woltmann (11 Taler 18 Groschen), die Nachknechte Tintemann und Hedderich (je 9 Taler), die Aufgeber Schmoock, Röhrig und Wenzel (je 12 Taler !), der Eisensteinpocher Ahrend, der Schlackenpocher Holzapfel und 7 Tagelöhner. Mit zum Hüttenhaushalt gehörten um 1850 zwei Fuhrleute mit je 1-3 Knechten.

Die Kinder der im Wohnhaus der Steinrenner Hütte ansässigen Familien wurden wegen des langen Schulwegs nicht in Sieber, sondern zuhause unterrichtet, um 1808 von Lehrer Brauns, um 1815 von Lehrer Fr. Werner.

Nach dem Ausblasen des Hochofens im September 1859 wurde das Personal abgebaut. Es verblieben als Aufseher Kohlenvoigt Woltmann, Hüttenmeister Dietrich und Aufgeber Schmoock. Sie wurden 1862 von der Königshütte übernommen, Dietrich wieder als Hochofenmeister, Woltmann und Schmoock als Pocher. Der Magistrat von Lauterberg wollte den von der Steinrenner Hütte gekommenen Leuten kein Wohnrecht geben, wenn sie weniger als 5 Jahre in der Stadt ansässig waren. Die Verwaltung der Königshütte wird diese Angelegenheit wohl zu Gunsten der Hüttenleute geregelt haben.

Niedergang und Stilllegung der Hütte

Mit der Fertigstellung der Eisenbahnlinie von Hannover nach Minden wurde der Anschluß an die schon bestehende Bahn zum Ruhrgebiet gewonnen. Mit der nunmehr einsetzenden Zufuhr von preisgünstiger Steinkohle begann der Niedergang der Oberharzer Hütten, denn sie lagen verkehrsmäßig ungünstig und konnten mit ihrer Holzkohle als Energieträger nicht mit der Steinkohle konkurrieren. Man hielt zwar noch einige Zeit mit, aber im Fall der Steinrenner Hütte kündigte sich 1855 an, dass die Vorräte an Eisenstein zu Ende gingen, Der Eisengehalt sank, die Gewinnung und Klaubung wurden zu teuer. Schon Jahre zuvor lag der Selbstkostenpreis für Steinrenner Roheisen höher als der der Königshütte. Es ist nicht nachvollziehbar, dass in bestimmten Jahren das Fuder Eisenstein aus Lerbacher und Elbingeröder Gruben 1 Taler 27 Groschen kostete, das der naheliegenden Gruben vom Eisensteinsberg und Königsberg dagegen 2 Taler 8 Groschen. Es entsteht der Verdacht, dass hier „hochgerechnet“ wurde. Es wurde jedenfalls heftig kalkuliert, was dann ergab, dass man die Selbstkoster der Steinrenner Hütte nur minimal senken konnte, die Holzzuteilungen nahmen stark ab und drittens ergab eine Modellrechnung, dass der Königshütte bei Wegfall der Steinrenner Hütte nur eine kleine Minderung entstünde, die man durch Alteisen oder Zukauf von der Rothenhütte leicht ausgleichen könne. So wurde dann am 12. 10. die 1857 die Stilllegung mit einer Übergangsfrist beschlossen.Am 28.9. 1859 lief die letzte Ofenreise (Kampagne) aus. Die Zylindergebläse kamen zur Königshütte, andere Maschinen zur Altenauer Eisenhütte und die Zechen Samson und Weinstock bei St. Andreasberg. Die Grundmauern fanden in Sieber Verwendung zum Hausbau, das Personal fand in anderen Hütten oder der Forstwirtschaft Arbeit.

Literatur und Quellen

A. Bode: Über den Eisensteinbergbau auf Gängen am Eisensteinsberg und Königsberg (Bergakademie Clausthal 1920, unveröffentlicht)

G. Gebhardt: Die Steinrenner Hütte im Siebertal, in: Unser Harz, H. 10 (2007)

W. Ließmann: Erinnerungen an die Steinrenner Hütte in Glück Auf Nr.4/5 (St. Andreasberg 1989)

J. Mex: Der Kurhannoversche Eisenhüttenverbund und sein Markt 1765-1806 820029

R. Petri: Hüttenfeuer im Siebertal in Rund um den Hausberg, Beilage der Lauterberger Zeitung (1960/61)

K. Schwertfeger: Eisensteingruben, Hochofen- und Hammerhütten im Bodegebiet des Harzes (1998)

P. Simon: Die Eisenerze im Harz, in: Geologisches Jahrbuch D 31 (Hannover 1979)

J. G. Stünkel: Beschreibung der Eisenbergwerke und Eisenhütten am Harz (1803)

H. Wedding: Beiträge zur Geschichte des Eisenhüttenwesens im Harz, in: Zeitschrift des Harzvereins 14 (1881)

38 Akten des Niedersächsischen Landesbergamts Clausthal-Zellerfeld (Bestände Hann. 84 Acc. 8 u. 29, Hann. 84 f)

Hannoverscher Staatskalender 1780-1865

9 Zischen und Grollen begleiteten den Betrieb der Eisenhütte Altenau 1794-1871

Die Geräusche und auch explosionsartigen Erscheinungen stammten von der Herstellung von Granuliereisen durch Einlaufen von Eisenschmelze in Wasser. Granuliereisen war in den Anfangsjahren Hauptprodukt, das in den Harzer Silberhütten zur Entfernung des Restschwefels eingesetzt wurde. Der Standort der Hütte war gut gewählt, lag er doch hart nördlich der Altenauer Silberhütte. Heute befindet sich hier der Campingplatz an der Vorsperre des Okerstausees. Der spätere Rückgang des Granuliereisenbedarfs wurde durch zunehmende Produktion von Gußwaren, insbesonders von „Poteriewaren“ (Behälter für Haushalt und Gewerbe), ausgeglichen. Nach der Stilllegung 1871 wurden Teile der Anlagen von der Altenauer Silberhütte als Elektrolysebetrieb genutzt.

Unterhalb des Altenauer Hüttenteichs lag an der Rotenbeek die Eisenhütte an der „Abgunst“, die zuerst 1587 genannt wurde und die 1623 im Besitz von einem Henisch stand. Hier wurden bis 1660 Gewehrläufe, Gußwaren und Schmiedeeisen erzeugt. Spuren dieser Hütte sind noch als Halden auf Karten von 1952 in der Nähe der ehemaligen Untermühle verzeichnet. Eine weitere Hütte zur Blechherstellung lag von 1620 bis 1680 unterhalb der Altenauer Eisenhütte, welcher dieser Bericht gilt.

Bau und Beschreibung der Eisenhütte

Unter der Leitung des Oberhütteninspektors Johann Georg Stünkel wurde die Hütte 1793 erbaut: Offiziell galt aber 1794 als Baujahr, da im Februar 1794 ein Brand wichtige Betriebsteile zerstörte. Der Neuaufbau kostete dann 1406 Taler.

Ein Hüttengraben brachte Wasser der Oker von nahe des Einlaufs des Schwarzwassers heran, verstärkt durch Wasser aus einem Graben am Fuß des Dietrichsbergs. Es wurden drei Wasserräder für Gebläse, Pochwerk und Schleiferei angetrieben Das Rad des Gebläses maß 13 Fuß = 4,0 m im Durchmesser und 3 Fuß = 0,9 m in der Breite.

Das Hochofengebäude hatte eine Länge von 105 Fuß = 32 m, eine Breite von 50 Fuß = 15,2 m und eine Höhe von 30 Fuß = 9, 1 m. Das Gebäude besaß einen Möllerboden, eine Gichtbrücke (Beschickungsrampe), die später durch einen Kran ersetzt wurde, ein Ziegeldach und drei Schiebefenster. Angegliedert war ein Probierraum (18 x 15 Fuß = 5,5 x 4,6 m) und der Gebläseraum. Dieser enthielt drei kubische Balgkästen, die jeder pro Hub 2,05 cbm Luft lieferten. Sie wurden 1855 durch Zylindergebläse ersetzt. Der Arbeitsraum am Abstich teilte sich in ein südliches Arbeitsgewölbe und ein nördliches Formgewölbe.

Der eigentliche Hochofen besaß ein äußeres „Raugemäuer" aus Grauwacke und ein Innengemäuer im unteren Teil. Dieses bestand anfänglich aus Blankenburger Sandstein, bald aber aus einer Stampfmasse, bestehend aus Quarz der Schulenberger Grube Juliane Sophie und Ton. Der obere Teil (Gicht) war mit „Barnsteinen" (Mauerziegel) ausgekleidet.

Das Pochhaus für Eisenstein und Schlacke hatte je drei Stempel. Der Schuppen für Holzkohle hatte eine Länge von 100 Fuß = 30,5 m, eine Breite von 50 Fuß = 15,2 m und eine Höhe von 14 Fuß = 4,3 m. Außerdem gab es einen weiteren Schuppen für Quandelkohle (mindere Qualität) von 40 Fuß = 12,2 m, einer Breite von 25 Fuß = 7,6 m und einer Höhe von 8 Fuß = 2,4 m. Die Maße des Schuppens für Eisenstein sind unbekannt.

Das Wohngebäude besaß 106 Fuß = 32,3 m Länge, 32 Fuß = 9,8 m Breite und 9 Fuß = 2,8 m Höhe. Es enthielt 6 Stuben mit Öfen, einige Kammern und 5 Küchen, zusammen mit 32 Fenstern. Zum Wohngebäude gehörten Ställe, Gärten Äcker und ein Backofen.

Ein Inventarverzeichnis von 1797 nennt folgenden Bestand:

a. Wasserbauten mit Hüttengraben, Gefluder, Hammerkasten, Schleiftrog, Granulierkasten mit Wasserleitung und Kugelraum

b. Hüttenwerkzeuge-Schaufeln, Laufsiele Pochstempel, Kratzen, Walzen, Spieße

c. Probierraum mit Sieben, Waagen und Gewichten

d. Formerei mit Modellen

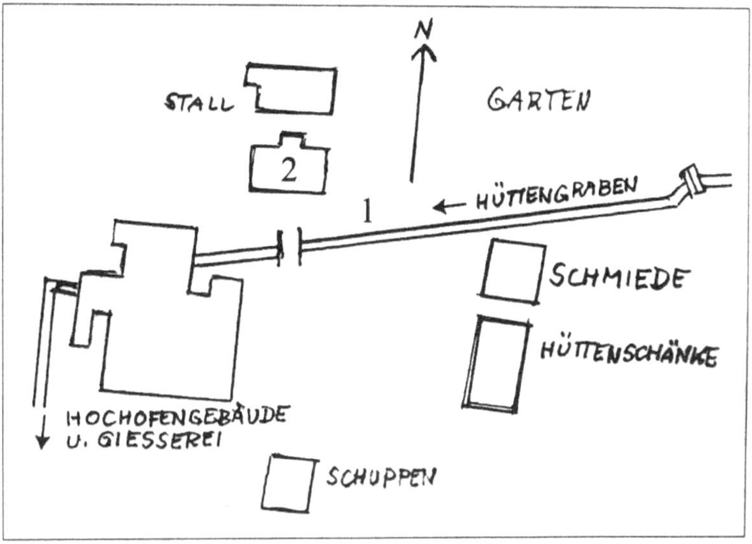

Abbildung 14: Zeichnung der Altenauer Eisenhütte

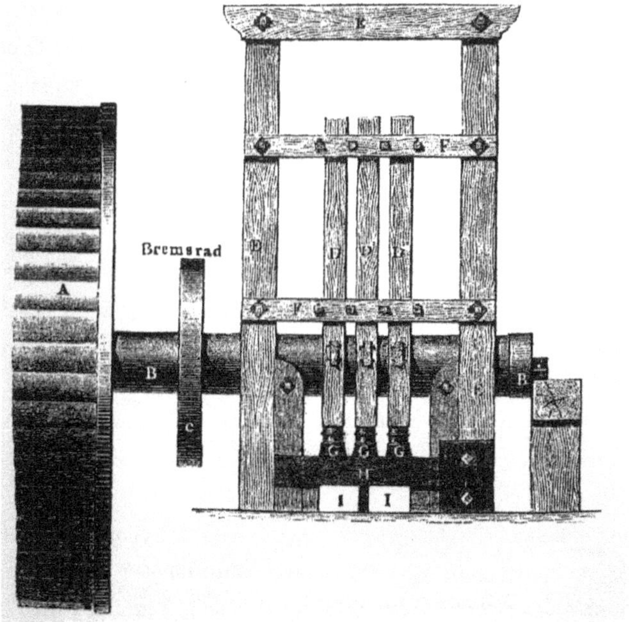

Abbildung 15. Pochwerk der Altenauer Eisenhütte

Die Ausgangsstoffe und der Betriebsablauf

Das Eisenerz gewann man aus 25-40 Gruben des Oberharzer Diabaszuges in den Revieren Polsterberg, Kehrzug, Huttal, Kellwasser und Spitzenberg, bei Bedarf kam Erz aus dem Lerbacher und Elbingeroder Revier hinzu. Der Eisengehalt des Erzes lag bei nur 16-25 %, im Ausnahmefall bei 35 %.

Die Belegschaftszahl betrug 17-30 Bergleute; in den einzelnen Gruben arbeiteten 1-2 Mann und viele Gruben wurden nur zeitweise genutzt.

Den Zuschlagstoff Kalk gewann man nahebei am Berg Schadleben, im Langental (nahe dem Gemkental) und im Kellwassertal.

Die Holzkohle stammte aus den Forstrevieren um Clausthal, Altenau und Herzberg.

Der Hochofenbeschickung voran ging das offene Rösten des Eisensteins und des Kalks in pyramidenförmigen Haufen auf dem Hüttenplatz, später in Röstöfen. Das Rösten diente dem Austreiben von Schwefel, Wasser und Kohlensäure sowie der Lockerung. Dafür verwendete man Knüppelholz und Quandelkohle (aussortiertes halb verkohltes Holz), zeitweise auch Torf und Fichtenzapfen Es folgte das Pochen zu haselnußgroßen Stücken. Waren die Stücke zu groß, so wurde die Umsetzung im Hochofen zu gering, war das Korn zu klein, so verstopfte der Ofeninhalt..

Die stündliche Aufgabemenge (1 Gicht = ca. 0,8 t) entnahm man dem Möller, einer Mischung aus 70 Kübeln tonigem Eisenstein, 55 Kübeln kalkigem Eisenstein, 12 Kübeln gebranntem Kalk und 3 Kübeln Eisenfrischschlacke (1 Kübel = 1,5 Kubikfuß = 36,6 l) Auf ein Volumenteil an Möller wurden 1 ½ Volumenteile Holzkohle eingesetzt.

Wichtig für den Prozeß war die Steuerung der Blasluft mittels Wasserkästen und kommunizierender Röhren. Eine Arbeitsperiode (Blaswerk, Reise) des Hochofens dauerte 2-3 Jahre, konnte sogar 6 Jahre (z.Bsp. 1841-1847)erreichen; danach waren Reparaturen und Neuausmauerung, auch der Ersatz des Gestells angesagt. Diesen erzwungenen Stillstand überbrückte man nach 1840 durch den Einsatz eines schnell produzierenden Kupol-Ofens.

Anfangs verbrauchte man die gesamte erzeugte Roheisenschmelze zur Herstellung von Granuliereisen. Die Kugeln von 1,5-2 cm Durchmesser wurden in den Silberhütten zur Entfernung des Restschwefels benötigt (Niederschlagsarbeit). Hierfür ließ man die Eisenschmelze über eine Lochplatte in einen wassergefüllten

Kasten mit Wasserzulauf flieOen, wobei man mit Eisenharken rührte, um Zusammenbackungen zu verhindern.

War der Wasserzulauf zu schwach, kam es zu Explosionen, die große Gewichte emporschleuderten. Es fand dabei eine Zersetzung des Wassers zu Wasserstoff und Sauerstoff statt, die sich in einer exothermen Reaktion wiedervereinigten (Knallgasreaktion).

Andererseits wollte man aber möglichst heißes Wasser erhalten, das man „brühwarm" in Fässer abfüllte und zu nahen Kuranstalten fuhr („Stahlbäder"). Gekörntes Eisen erhielt man auch durch Pochen und Waschen der Schlacke, die eingeschlossenes, tropfenförmiges Eisen enthielt (Wascheisen).

Wegen des Rückgangs des Granuliereisenbedarfs ging man zur Herstellung von Gußteilen für die Industrie und von „Poteriewaren" (Behälter für Haushalt und Gewerbe) über Hierbei wurde die Eisenschmelze durch Sandgerenne in Gussformen geleitet bzw. durch Schöpfen in Kastenformen gebracht. Zu den Gußteilen zählten Bleche (Granulier-, Form-, Schlacke- und Tümpelbleche), Pochwerkzeuge (Hämmer, Unterlagen Stempel), Wagenbuchsen, Gewichte, Röhren, auch große Retorten für das Gaswerk in Hannover (1855). Zu den „Poteriewaren" zählten 27 Arten von Haushaltstöpfen (u.a. Hamburger Bremer und Hessische Töpfe, Braten-, Bauch- und Randtöpfe, auch Milchsatten, Bügeleisen, Kaffeekessel, Kasserolen und Spucknäpfe).

Verwaltung, Personal, Löhne, Soziales

Während der Einfahrzeit des Betriebes genügte für die schriftlichen Arbeiten der Gehilfe Schlägel, der 1796 zum Hüttenschreiber aufstieg. Erst 1824 war die Arbeitsmenge so gewachsen, dass der Administrator Bartels angestellt wurde. Ab 1820 waren Beamte für die Zweigbetriebe tätig (Frischhütte Silbernaal, Emaillierwerk Zellerfeld, Faktoreien in Altenau und Zellerfeld, ab 1840 auch die Eisenhütte Lerbach). Für die Jahre 1803-1817 (französische Besatzung und danach) waren keine Namen nachweisbar.

a. Beamte

Administratoren waren 1824-1840 G. F. Bartels, 1841-1851 C. F. Werlisch, 1852-1855 Seidensticker, 1856-1859 E.Schuster, 1860 vacat (unbesetzt), 1861-1867 Direktor Beermann, 1870-1874 Direktor Illing.

Hüttenschreiber: 1796-1799 G. Schlägel, 1800-1802 C. Beermann, 1818-1822 C. Stelzner und C. Quensell jun., 1823-1839 C. Quensell jun. und C. Schlägel jun., 1840-1850 C. Quensell jun., 1850-1871 die Rechnungsführer Röhrig, Siegel und Biewend.

Erst ab 1852 wurden *Hüttenmeister* genannt: 1852-1861 Zeuner, 1862-1871 Hachmeister.

b. Werkspersonal

Zur Hochofenmannschaft gehörten 8-13 Mann. Leiter waren 1 oder 2 Ofenmeister (1794-1799 Gärtner, 1802-1832 Ebeling, ab 1860 Bruns). es folgten 2-4 Nachknechte (1794 Tronnier, 1802 Klaproth, 1866 Ritter und Reißner), 2-4 Aufgeber (1806 Kneistler und Müller, 1860 Baum und Statzhausen), ein Kohlenvoigt (1794 Lohr, 1860 Schmoock),je ein Pocher für Eisenstein und Schlacke (1830 Marquardt und Pabst, 1860 Brüning und Geist). Weiter waren ein Röster und nach Bedarf 10-15 Tagelöhner beschäftigt.

Der zweite Betriebsteil mit Gießerei und Formerei begann 1806 mit nur vier Formern, deren Zahl sich steigerte über 1830 = 13 bis zu 1862 = 55 Mann.

Zum Personal gehörten als Handwerker je ein Schleifer, Schlosser, Schmied, Maurer, Tischler und Zimmerer.

So kam man 1866 auf eine Belegschaft von 73 Mann, die täglich 12 Stunden arbeiteten. Zuzählbar sind noch die Bergleute, Köhler und Fuhrleute.

Löhne:

Wochenlöhne in Talern und Groschen	1795	1802	1806
Hüttenschreibergehilfe Schlägel	2.-	-	-
Ofenmeister Ebeling	3. 18	3.24	3.24
Nachknecht Klaproth	3.03	3. 18	3. 18
Aufgeber	2. 12	3. 12	3. 12
Pocher	2. 12	2.24	2. 12
Kohlenvoigt Lohr	3.-	4. 18	3.-

Dazu kam Gedingegeld für Meister = 1.06, Nachknechte = 0. 12 und Pocher = 0.08. Tagelöhner erhielten pro Schicht im Sommer 6 Gr. (Groschen) 8 Pfg. (Pfennige), im Winter 5 Gr. 6 Pfg. (1802).

Soziales:
Für Alle gab es in Notzeiten Brotzulagen, für Verheiratete 4 Gr., für Ledige 2 Gr. pro Woche. Fuhrleute erhielten oftmals ein Hafergeld und Zulagen bei Verlust von Pferden und zum Kauf von Transportkörben. Bei Unfällen zahlte die *Büchsengeldkasse* bis zu einem Monat = 3 Taler, bis zu zwei Monaten = 18 Groschen pro Woche. Dauernd Invalide erhielten je nach Dienstjahren 8-13 Groschen, Meister 13-17 Groschen pro Woche.

Die Büchsengeldkasse finanzierte sich aus Beiträgen, Strafgeldern, Gebühren und Zuschüssen.

Bei Annahme einer Stellung oder Beförderung waren *Antrittsgelder* fällig. So zahlten 1858 neue Ofenmeister = 1 Taler 16 Gr., Nachknechte und Pocher 1 Taler 8 Gr., Aufgeber 1 Taler, Formergesellen 18 Pfg., Formerlehrlinge 8 Pfg.

Aus der Büchsengeldkasse wurden auf ärztliche Anordnung Medikamente beglichen. Als Betriebsärzte wirkten in Altenau um 1820 der Hofmedikus Mehlis und der Bergchirurg Dannert.

Einige Betriebsdaten

Der Materialverbrauch in Fudern
(1 Fuder = 1,3 t Eisenstein oder 0.9-1,0 t Holzkohle)

	1795	1800	1830	1850	1862
Eisenstein	980	3290	4100	5033	3609
Holzkohle	1360	5053	4374	5500	7780

Produktion in Ctr. (1 hann. Ctr. = 46,77 kg)

	1795	1803	1830	1862
Granuliereisen	921	10000	10500	10173
Wascheisen	50	500	620	678
Gußwerk	0	200	3080	8609

Poteriewaren in Stück (Töpfe u.a.)

1851	max. 64 000 im Juni	min. 3900 im August
1854	max. 15 700 im Dez.	min. 5400 im August
1857	max. 42 400 im Juni	min. 2400 im Juli
1860	max. 59 300 im Juni	min. 3000 im Juli
1865	max. 49 200 im Mai	min. 3500 im Juli
1867	max. 21 200 im Mai	min. 3700 im Juli

Man erkennt bei den „Poteriewaren“ ein „Sommerloch“. Die Hälfte der Produktion ging in das Zellerfelder Werk zum Emaillieren. Fast die gesamte Produktion wurde auf Kredit verkauft.

Der Absatz der Produktion ging durch den Einsatz von Eisenschlacke sowie von Steinkohle anstelle von Holzkohle stark zurück. Dies betraf zwar alle Harzer Eisenhütten, führte aber 1871 zur Einstellung der Altenauer Eisenhütte. Nach Abriß von einigen Gebäuden und Abbau des Hochofens wurde noch hier die Elektrolyse der Altenauer Silberhütte bis Ende 1911 betrieben.

Literatur und Quellen

Chr. Böse: Generale Haushaltsprinzipia vom Berg-, Hütten-, Saltz- und Forstwesen, in spezie im Hartz (1753)

G. Gebhardt: Zischen und Grollen begleiteten den Betrieb der Eisenhütte Altenau, in: Unser Harz, H.5 (2008)

F. Günther: Die Gründung der Bergstadt Altenau, in: Zeitschrift des Harzvereins 1979, 1981, 1984)

Hannoverscher Staatskalender 1780-1871

G. Laub: Erinnerungen an die Altenauer Eisenhütte, in: Unser Harz (1988)

Joh. G. Stünkel: Beschreibung der Eisenbergwerke und Eisenhütten am Harz (1803)

43 Akten des Niedersächsischen Bergarchivs Clausthal-Zellerfeld folgender Bestände.Hann.84a, Hann.84 Acc.7, Acc.8,Acc.28, Acc.29, Hann. 184 a Acc. 15.

10 Eisen aus Lerbach in der Zeit von 1789 bis 1931

Die Lerbacher Eisenhütte wurde 1789 im Rahmen des Kurhannoverschen Eisenhüttenverbundes nach Plänen des *Berghauptmanns Claus Friedrich v. Reden* erbaut. Mit dem Hochofen des Werks erschmolz man Roheisen für die Herstellung von Gussteilen und Behältern (Poteriewaren). Mitten in der napoleonischen Zeit legte man die Hütte 1812 still. Erst 1837 erfolgte ein Neubau mit zwei Hochöfen die man bis 1867 betrieb. Die Krise im Harzer Eisenhüttenwesen und die erheblich verminderten Eisensteinmengen aus den Lerbacher Gruben zwangen zum Abbau des Hochofenbetriebes und zu alleinigem Einsatz von Roheisen, das man größtenteils aus dem Ausland bezog. Ab 1929 wurde die Hütte wegen schlechter Marktlage eingestellt.

Die erste Betriebsperiode 1789-1812

Schon 1744 wollte man in Lerbach Granuliereisen herstellen, aber erst 1788 fiel der Entschluß zum Bau einer Eisenhütte, befördert durch die hier reichlich anstehenden Holzvorräte.Im September 1788 begann man mit dem Brechen der Steine für das Rauhgemäuer, im Dezember mit dem Transport der tragenden Eisenteile aus der Lauterberger Königshütte. Man übernahm von der Elbingeroder Rothenhütte zwei Blasbälge und begann mit dem Ausheben des Hüttenteichs, wofür man von dem Osteroder Sägemüller Löwe das Wasserrecht auf das Gefälle des Lerbachs erwarb. Im Frühjahr 1789 begann der Aufbau unter der Leitung des Schichtmeisters Jahn und des Aufsehers Reisner. Am Bau wirkten der Ziegelmeister Schrader und der Zimmermeister Heisner mit, das Gebläserad wurde von Kunstzimmermeister Schramm mit vier Gesellen hergestellt.

Es entstanden bis 1793 folgende Gebäude:
1. Der Hochofen von 28 Fuß Höhe, dessen hölzerner Gichtmantel einen unteren Durchmesser von 8 Fuß und einen oberen Durchmesser von 3 1/6 Fuß besaß,
2. je ein Kohlenschuppen, Eisensteinschuppen, Röstschuppen (später Röstofen) und das Pochwerk für Eisenstein und Schlacke;
3. ein Wohngebäude für den Hüttenschreiber, den Kohlenvoigt und drei Hochöfnerfamilien.
Der Bau der Gebäude und Anlagen kostete 8500 Taler.

Abbildung 16: Die Lerbacher Hütte 1840 (Lithographie W. Eicholdt)

An Offizianten (Beamten) sind für die Jahre 1783-1811 nur die Hüttenschreiber notiert:
Christian Reisner (1789-1792), Conrad Stünkel (1793-1794), Georg Keydel (1795-1798), Johann Quanz (1799), Georg Schlägel (1800-1811).

Der Betriebsverlauf in der 1. Periode

Die beiden ersten Betriebsjahre 1794 und 1795 benötigte man zum Einfahren des Hochofens und zu Versuchsschmelzen mit verschiedenen Sorten an Eisenstein und Zuschlägen. Man verwendete Eisenstein vom Polstertal von Kalefeld, aus dem Altenauer Revier Spitzenberg und aus den Lerbacher Gruben Weintraube und Röddental. Später setzte man Eisenstein aus 19 Lerbacher und 8 Altenauer Bergwerken ein. Hütteninspektor Stünkel berichtete, dass wöchentlich 160 hannoversche Centner (1 Ctr. = 46,77 kg) Roheisen erzeugt wurden. Die Hälfte des Roheisens verwandte man für die Gusswaren wie Öfen und Maschinenteile für den Bergbau, die andere Hälfte sandte man zur Sollinger Hütte in Uslar zur Herstellung von Stabeisen. Das Wascheisen aus der gepochten Schlacke ging zum Entschwefeln an die

Silberhütten.Für die Herstellung von 100 Ctr. Roheisen benötigte man in 114 Gichten (Beschickungen) 26 Fuder Eisenstein und 57 Karrenholzkohle. 1801/02 erschmolz man 5809 Ctr. Roheisen, das man zu Gußstücken in vier Gattungen verarbeitete.

Der Engpass des Lerbacher Hüttenbetriebes war der zu gering bemessene Hüttenteich. Wassermangel bei Dürre führte oft zu Einschränkungen und Qualitätsverlusten. In solchen Fällen musste man z.Bsp. beim Pochen von Eisenstein und Schlacke auf Handarbeit zurückgreifen. Bei genügender Wassermenge dauerte eine Ofenreise (Arbeitsperiode) ca. 100 Wochen.

Die Ofenmannschaft erhielt um 1800 an Wochenlohn: Meister Sauerbrey 1 Taler 30 Nachknecht 1 Taler 27 Groschen, die beiden Aufgeber je 1 Taler 21 Groschen und die beiden Pocher je 1Taler 18 Groschen.

1812 wurde die Hütte stillgelegt. Offiziell gab man an, nicht genügend Kohlholz, aber 1811 hatte man noch keines geschlagen. Grund war wohl eher, dass die Pläne der französischen Besatzungsbehörden sich geändert hatten.

Die *Inventarliste* von 1812 verzeichnete an beweglichem Gut für den *Hochofenbetrieb*: Pocheisen, Schaufeln, Kratzen, Harken, Bleche, Waage mit Gewichten, Kohlenkarren, Eisensteinsmaße, auch eine Glocke zum Anschlagen der Gichtzeiten.

In der *Gießerei* notierte man Formen und Modelle für alle Arten von Gußstücken und Behältern.

Die zweite Betriebsperiode von 1837/39 bis 1869

Von 1812 bis 1837 waren die Gebäude verpachtet. Ab 1834 plante man den Bau einer neuen Hütte, da die bestehenden Eisenhütten den gestiegenen Bedarf nicht decken konnten. Vier Voranschläge differierten von 33 598 bis 53 645 Taler, die Endabrechnung ergab später Kosten in Höhe von 35 133 Talern. Daran hatte der Ofenbetrieb 6076 Taler Anteil.

Bei Ende der Bauzeit waren folgende Gebäude errichtet:
Ein Ofengebäude von 88 x 30 x 22 Fuß mit zwei Hochöfen und zwei Kupolöfen, zwei Formereigebäude mit je 64 x 32 x 14 Fuß, zwei Gebäude von je 40 x 42 x 20 Fuß für Gebläse, Modelle und Schlafstellen, drei Röstöfen auf Fundamenten von 13 x 16 x 22 Fuß, ein Kohlenschuppen von 104 x 45 x 20 Fuß für 6000 Karren Holz-

kohle, ein Pochhaus für Eisenstein von 40 x 30 x 12 Fuß, ein Pochhaus für Schlacke von 104 x 27 x 12 Fuß sowie eine Gießwerkstatt. Weiterhin wurden vorhandene Gebäude zu einem Magazin und Wohnhäusern für Hüttenschreiber, Hochofenmeister und Kohlenvoigt umgebaut.

Abbildung 17: Emaillierwerk Lerbach

Betriebsverlauf der zweiten Periode

Der jährliche Bedarf sah den Einsatz von 5000 Fudern Eisenstein, 6256 Fudern Holzkohle 280. Fudern Flußmittel und Zuschlägen vor (1 Fuder Eisenstein = 1,2-1,3 t, 1 Fuder Holzkohle = 0,9-1 t).

Diese Mengen reichte für 13 304 Gichte (Aufgaben) an Möllermischungen von je 300 Pfund (1 Gicht = stündliche Aufgabe von ca. 800 kg). Aus den genannten Mengen wollte man 21 004 Ctr. = 982 t Roheisen erschmelzen.

1840 wurden die Verwaltungen der Altenauer und Lerbacher Eisenhütten vereinigt Der Sitz der gemeinsamen Verwaltung wurde Zellerfeld; hier wurde auch ein Emaillierwerk für die Behälter (Poteriewaren) angelegt, deren Anteil gestiegen war. Ein weiteres Emaillierwerk entstand auch in Lerbach.

Liste der Gusswaren für den Haushalt (Poterie)		
Marmitentöpfe	Hannoversche Töpfe	Eierkuchenpfannen
Röhrentöpfe	Hamburger Töpfe	Kaffeekessel
Rouensche Töpfe	Kasseler Töpfe	Milchfetten
Schmortöpfe	Nordhäuser Töpfe	Waschbecken
Kasserolen	Gemüsetöpfe	Plätteisen
Brasilianische Töpfe	Ringhäfen	Leimtiegel
Ansetztöpfe	Ringtöpfe	Spucknäpfe
Gallonentöpfe	Einhängetöpfe	Klosettteile
Tiefe Tiegel	Bratpfannen	Gartenstühle

Namen und Funktion der vorgenannten Behälter sind heute z.T. unbekannt. Der Großteil der Erzeugnisse wurde im Zellerfelder Emaillierwerk beschichtet, ab 1883 im eigenen Werk in Lerbach.

Die Ausstattung der Hütte vergrößerte sich durch Anlegung eines dritten Kupolofens: in den Kupolöfen wurde hauptsächlich ausländisches Roheisen verschmolzen. Hinzu kamen noch neue Kräne, ein Schwarzherd, ein vergrößertes Magazin und weitere Werkstätten.

Die Inventarliste von 1858 soll den Bestand verkürzt wiedergeben:
Ofenbetrieb mit 2 Hochöfen und 3 Kupolöfen-Pyrometer-Kesselofen-Wärmeapparate-Gebläse-Wägehaus-Magazin-Trockenofen für Eisenstein-Kohlenschuppen-Möllergebäude und drei Kräne
Formbetrieb mit Magazin für Modelle und Formladen, Werkstätten für Tischler, Schleifer und Polierer, dazu eine Schmiedewerkstatt für den allgemeinen Bedarf.
Ab 1860 zeichnete es sich ab, dass außerhalb des Harzes Eisen und Eisenprodukte billiger erzeugt werden konnte, auch gingen die eisenarmen Lerbacher Erze zur Neige. Man entschloß sich zu einem radikalen Schnitt, indem der Hochofenbetrieb eingestellt wurde; 1867 und 1869 blies man so beide Hochöfen aus und riss sie ab.

Das Personal 1837 bis 1867

An *leitenden Beamten* in Lerbach wurden vermerkt: 1841 bis 1854 Hüttenschreiber Fr. Seidensticker (ab 1852 Oberfaktor); 1852 bis 1855 Hüttenschreiber Geschustert (ab 1856 Oberfaktor); 1861 bis 1867 Oberfaktor A. Jahn. Als Assistent und Hüttenmeister wirkte von 1857 bis 1867 D. Beermann (1845-1865) und Woltmann (1860-1865), als Nachknechte Beermann (1841, 1860) und Woltmann (1860-1865) sowie 2-3 Aufgeber (Wachsmuth, Reckewell und Wenzel 1841-1860) und zwei Pocher (Preiß und Bertram 1841), Bertram und Zauner (1855). An Hilfskräften arbeiteten je nach Arbeitsanfall 10-25 Tagelöhner.

An *Hüttenmannschaften* wurden genannt: Als Hochofenmeister Hedderich 81840)-Beermann. Der Formereibetrieb wuchs von 12 (1841) auf 49 Personen (1860), davon bis zur Hälfte Lehrlinge. Leiter der Former waren die Meister Hermens und Bertram. Für das Jahr 1856 wurde berichtet, dass der Hüttenmeister Bock überfordert war und das Personal schlecht behandelte.

Wie in anderen Harzer Hütten hatten alle Beschäftigten bei Aufnehmen und Beförderungen Eintrittsgelder in die Büchsengeldkasse zu zahlen. Diese leistete im Fall von Krankheit und temporärer Schädigung Zahlungen und gab auch Gnadenlöhne an die Witwen und Waisen verstorbener Arbeiter. Um 1856 muß es dem Harzer Hüttenwesen wohl gut gegangen sein, denn die Arbeiter „zeigten eine bedrohliche Neigung, ihre Stellung zu verlassen“. Gute Arbeiter fanden schnell eine bessere Arbeit, was wohl die Lerbacher Hüttenleitung verstörte.

Die dritte Betriebsperiode von 1867 bis 1929/31

Der Betrieb wurde ganz auf den Einsatz und die Verarbeitung von Roheisen umgestellt, was nun weniger Ofenpersonal erforderte. Man brachte in geringem Maße Roheisen der Rothenhütte ein, hauptsächlich aber Roheisen aus England und Schottland, dazu rheinisches und westfälisches Roheisen. Weiterhin verwendete man Gußstahlspäne, verbrauchtes Granuliereisen und Brucheisen.

Man schmolz in zwei Kupolöfen des Systems Krigar, wobei pro Tonne verschmolzenes Eisen 116 kg Koks verbraucht wurden. Die Produktionsleistung betrug in der Stunde 50-100 hannoversche Ctr. = 23-46 t. Bei der Schmelze des Roheisens ergab sich ein Verlust von 10-15 % durch Schlackebildung und Bruch.

An Poteriewaren (Töpfe und Haushaltsartikel) wurden 1890 37065 Stück = 150 t und 1900 33500 Stück = 128 t erzeugt. Außerdem fabrizierte man Maschinenteile, Röhren, Öfen und Kessel, um 1900 auch Draht, Bleche, Eisenseile, Nieten und Nägel, was einer besonderen Ausrüstung bedurfte.In dieser Zeit war man gut ausgelastet mit der Herstellung von Maschinenteilen für den Bergbau und das Hüttenwesen z.Bsp. Eindicker.

Zusammenhang von Gußeisenproduktion und Personalbestand

Jahr	t	Belegschaft	Jahr	t	Belegschaft
1870	618	128	1905	1511	87
1875	1126	197	1910	1034	64
1880	733	157	1915	1284	108
1890	1921	150	1917	1260	112
1900	1286	139	1920	1092	166

Im 1. Weltkrieg (1914-1918) hatte man zwar weniger Personal, aber höhere Löhne und Gewinne durch die große Produktion an Wasch- und Kochkesseln für die Armee. Nach dem Krieg musste man viele Heimkehrer in das Werk aufnehmen, aber man machte trotzdem noch gute Geschäfte. Die Inflation von 1923 verfälschte jedoch die Situation; so erzielte man in diesem Jahr einen rechnungsmäßigen Überschuß von108. 162.050.000 Reichsmark.

Die Lerbacher Hütte konnte sich bis 1929 behaupten, musste dann aber 1931 schließen.

Das Personal 1867-1929/31

An Verwaltungs- und Aufsichtspersonen wurden vermerkt:

Hütteninspektoren und Direktoren: Lorenz (1867-1885) /Schultheiß (1885) /Jüttner (1886-1893) /Mauritz (1893-1899) /Köckert (1900-1905) /Brathuhn (1906-1931).

Oberfaktoren und Hüttenmeister: Röhrig (1867-1881) /Deppe (1882-1890) /Hoenen (1890-1897) /Funk (1898-ca. 1910), danach keine Angabe.

Schichtmeister: Kolle (1867-1870) /Schmidt (1870-1874) /Wiederhold (1871-1884)-Venitz (1882-1885)/Jentzsch (1885-1889)/Rosinsky (1889-1900) /Lips (1787-1900) /Willig (1898-1907), danach keine Angaben.

1904 bestand die Belegschaft aus 87 Mann, nämlich aus 3 Schmelzern, 41 Formern, 10 Putzern, 1 Schleifer, 16 Schlossern, 6 Tischlern, 3 Modellierern, 4 Emaillierern und 3 Wärtern. Die Löhne der Former orientierten sich um 1900 am Gewicht des produzierten Gußwerks, pro 100 kg Gußwerk wurden 3.93 RM (Reichsmark) gezahlt. Die Schichtlöhne betrugen 1905 3,00 bis 3,50 RM, für Meister = 4,32 RM, 1915 = 7,20 RM, 1917 = 8,23 RM.

Literatur und Quellen

G. Gebhardt: Eisen aus Lerbach in der Zeit von 1789 bis 1931, in: Unser Harz, H. 1 (2009)

R. Kutscher: Die Königliche Eisenhütte und das Hüttenamt Lerbach in: Unser Harz (2000), Nr. 7, S. 123-127

W. Salewski: Mitteldeutsche Eisenwerke in alter Zeit (1965)

J. G. Stünkel: Beschreibung der Eisenbergwerke und Eisenhütten am Harz (1803)

Hannoverscher Staatskalender 1788-1890 (1804-1819 nicht erschienen)

Preußisches Staatshandbuch 1890-1930

32 Akten des Niedersächsischen Landesbergarchivs Clausthal-Zellerfeld (Bestände Hann. 84 Acc. 7,8, 15 und 29, Hann. 84 f Lerbach Hann. 184 Acc. 14).

11 Pulvermühle und Salpetersiederei in Lautenthal 1660-1859

Wenngleich über die Pulverfabrikation schon in der Zeit von 1570 bis 1580 unter Herzog Julius, dann 1606 bis 1616 unter Herzog Heinrich Julius von der Einsetzung eines „General-Pulvermachers" berichtet wird, so erscheinen Nachrichten über den Betrieb der Pulvermühle Lautenthal erst ab 1660 und Nachrichten über die angeschlossene Salpetersiederei erst nach 1800. Außer der Pulvermühle in Lautenthal, die der Zehntkasse in Goslar unterstellt war, bestanden noch weitere staatliche Pulvermühlen in Goslar, St. Andreasberg und Lerbach. Die Mühle in Lautenthal lieferte die größte Menge an Schießpulver an die Bergwerke. Weiterhin produzierten noch mehrere private Unternehmer Schießpulver. Hier konnte die Pulverfabrik des Carl Denstorf in Kunigunde (heute WANO Schwarzpulver GmbH, Othfresen/Liebenburg) preisgünstiger liefern, so dass die Bergwerksverwaltung 1859 den Betrieb in Lautenthal einstellen musste.

Die Herstellungsmethoden

Bekannterweise besteht das bis ca. 1870 eingesetzte Schwarzpulver aus einer Mischung von Kalisalpeter, Schwefel und Kohle. Den Salpeter erhielt man durch Raffination von importiertem Rohsalpeter – die Salpetersiederei wird weiter unten beschrieben – und Schwefel aus den Unterharzer Hütten Frau-Sophienhütte (Oker) und der Herzog-Juliushütte (bei Langelsheim). Die Holzkohle gewann man durch Verkohlung von langfaserigem Hasel- und Weidenholz im eigenen Betrieb.

Das Pulver wurde in dem für den Bergbau günstigen Verhältnis von 67 Teilen Kalsalpeter und je 11,5 Teilen Schwefel und Holzkohle zubereitet. Man begann mit dem gemeinsamen Mahlen von Salpeter und Schwefel in Kollergängen.

Im nächsten Betriebsgang wurde das Mahlprodukt mit der zuvor gemahlenen Holzkohle schonend in Trommeln gemischt. Es folgte die Befeuchtung mit 10 % Wasser im Tränkraum und dann die Verdichtung zu Presslingen in einer Stempelpresse. Deren Stempel waren aus Schutz gegen Funkenbildung mit Kupferblech ummantelt. Anschließend wurden die Presslinge gebrochen und dieses Gut gesiebt, um eine bestimmte Kornfraktion zu erhalten. Ober- und Unterkorn konnte man wieder aufarbeiten. Für die Körnung wandte man spezielle Maschinen an. Das Hauptgut, also Gekörntes, wurde schonend getrocknet und in weich gepolsterten Tonnen poliert.Die Abfüllung der Körnung geschah in Säcke ab 1836 in Zinkkannen oder Zinkflaschen für ½, 1 und 2 Centner (1 hann. Ctr. vor 1860 = 46,8 kg).

Das erzeugte Schießpulver wurde auf seine Explosionskraft hin geprüft, indem man eine bestimmte Menge Pulver in einem Apparat detonieren ließ und die Zahl der herausgetriebenen „Krappen“ (wohl Verschlüsse) bewertete. Fehlende Qualität konnte durch zu feuchtem Salpeter entstanden sein. Auch beim Transport musste achtsam mit dem Gefahrgut umgegangen werden. Die Fuhrwerkewaren durch eine schwarze Flagge mit einem „P“ gekennzeichnet und mussten beim Halten in Ortschaften den Abstand von mindestens 90 Schritten zu Gebäuden ein.

Geschichte, Gebäude und Betriebseinrichtungen

Von 1660 bis 1676 lag die Pulvermühle außerhalb. Sie siedelte dann auf eine angekaufte Wiese südlich der Stadt um. Der Antrieb geschah dort durch das Wasser eines von der Innerste gezogenen Grabens. Der Neubau wurde von dem Pächter und Pulverfaktor Hans Lippoldt privat bezahlt; er bestand aus Wohnhaus, Trockenhaus, Läuterhaus und Kohlenschuppen, während der Bau von zwei Mühlen auf Staatskosten ging.

Oftmals zwangen Explosionen und Brände zu Neubauten und Reparaturen. Das 1710 „aufgeflogene“ Trockenhaus wurde erneuert und hatte die Maße von 50 x 60 x 10 Fuß. Es enthielt Regale und Trockentafeln. Dazu kamen das Läuterhaus der Salpetersiederei und ein Tränkhaus mit 4 Trögen, 12 Mollen, 20 Sieben u.a. Im Trockenhaus wurde das fertige Pulver zeitweise auch gekörnt, im Läuterhaus auch Schwefel und Holzkohle gelagert. Die zwei Mühlen enthielten außer den Kollergängen Pressanlagen mit je 12 Presstempeln. 846 baute man eine dritte Mühle, die leider schon 1850 durch eine Explosion zerstört wurde.

Eine Inventarliste vermerkte bei Betriebsaufgabe im Jahre 1859 den Bestand von 227 Zinkkannen zum Pulvertransport. Erfaßt sind außerdem 3 Verkohlungskessel, 138 Stempelschuhe, etliche Siebe und Werkzeuge aller Art. Bei der Auflösung ging der Holzschuppen an die Lautenthaler Grube Maaßen als Vorratshaus, ebenfalls das Körnungshaus, das Trockenhaus erwarb der Goslarer Kaufmann Helms für 135 Taler.Die restlichen Einrichtungen wie die Mühlen, die Körnungsmaschine und alles Zubehör veräußerte man laut Maschinenmeister Völcker für 1685 Taler.

Trotz aller Vorsicht geschahen oft Explosionen, die erhebliche Sachschäden, aber auch Verletzte und auch Todesfälle zur Folge hatten. Dies passierte in den Jahren 1710, 1712, 1720, 1725 und 1746. Im Jahre 1720 war das Trockenhaus „aufgegangen“ und 1725 beide Pulvermühlen „in die Lufft gesprenget“. Bei der Explosion von 1746 waren vier Centner Pulver aufgeflogen und man musste 315 Taler für Neubauten und Reparaturen ausgeben.

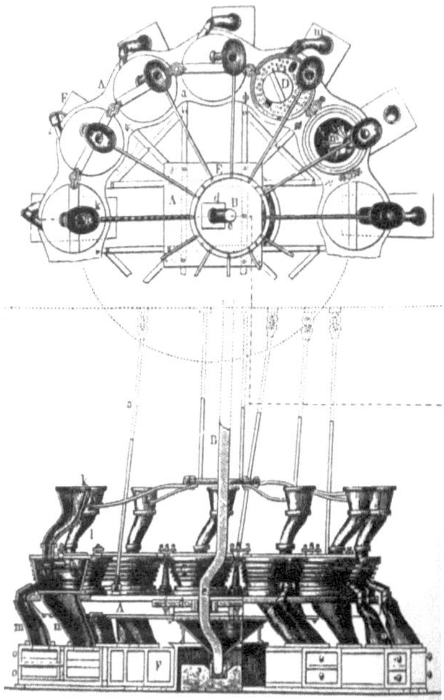

Abbildung 18: Körnungsmaschine (Seiten- und Aufsicht)

Weitere Explosionen geschahen 1747, 1797, 1833, 1843, 1846, 1847 und 1850. 1747 kamen der Pulvermacher Mauch zu Tode, 830 Gericke, 1849 Herling, andere kamen mit Verbrennungen davon. 1797 schilderte der Pulvermacher Grün, dass er gerade den letzten Stempel der Presse herabgelassen hatte, als hinter ihm die Pulvermühle und der Pulverblock auseinander geschlagen wurden. Er wurde betäubt und wußte nicht, wie er aus dem Feuer gekommen war.

1847 wurde wieder eine Mühle zerstört.Den Neubau versetzte man zur Vorsicht um 20 Ruten (1 hann. Rute = 4,67 m) von der zweiten Mühle.

Die Explosion von 1850 zerstörte die gerade zum Preis von 1370 Talern erbaute dritte Mühle.

Produktionsdaten

1770 notierte man eine Erzeugung von 321 Ctr. Pulver, Danach stellte man 1785-1804 gesamt 8152 Ctr. her, also im Jahresdurchschnitt 408 Ctr. Das Minimum lag 1785 bei 273 Ctr., das Maximum 1798 bei 507 Ctr. Für die Gesamtmenge wurden 5472 Ctr. Salpeter sowie je 1371 Ctr. Schwefel und Holzkohle verbraucht, was im Endeffekt 62 Ctr. Verlust bedeutete (vielleicht Wägefehler).

Der Preis pro Centner lag in genannter Zeit bei durchschnittlich 123 Talern pro Jahr, der Gesamtpreis bei 6017 Talern.

Produktionsmengen in Ctr. ab 1820 in Abständen von 5 Jahren

1820 = 323	1830 = 414	1840 = 1324	1850 = 1043
1825 = 384	1835 = 635	1845 = 1192	

In der Zeit ab 1820 wurden durchgehend 12 bis 15 Bergwerke genannt, an die Schießpulver geliefert wurde. So waren dies 1854 die Pulvermagazine des Rosenhöfer und Burgstätter Gangzuges, an die Gruben Lautenthals Glück, Herzog August und Johann Friedrich, Regenbogen, Ring und Silberschnur, Juliane Sophie Bergeswohlfahrt, Neuer Bergstern, Ernst August, Abendröte, Kranich und Anna Eleonore.

Man lieferte in der Zeit von 1762 bis 1804 auch eine „Spezialität" an die Bergwerke, nämlich mit Schießpulver gefüllte Schilfrohre oder ausgebohrte Holzstäbe von 22 Zoll Länge als Zündrohre. Diese wurden in Heimarbeit gefertigt, von 1800 bis 1803 davon 4674 Schock zu je 60 Stück.

Geringe Mengen Schießpulver gingen z.Bsp. 1834 an den Chausseebau und 1851 an den Eisenbahnbau. Auch lieferte man 1826-1859 Mengen von 25 Pfund bis zu 2 Ctr. zu den Schützenfesten in Clausthal für die Feuerwerkerei. Weitere Kunden waren auch private Konkurrenten, darunter die Pulverfabrik Denstorf in Kunigunde bei Othfresen.

Die Verwaltung lag in Händen der *Pulverfaktoren.* Sie hatten bei ihrer Einstellung einen Eid auf Gott und sein heiliges Evangelium zu schwören, ihre Pflichten getreu zu erfüllen und auch eine Kaution zu hinterlegen. Die Pulverfaktoren hatten vor 1700 das Lautenthaler Werk in Pacht und waren verpflichtet, Gebäude auf eigene Kosten zu erneuern.

An Pulverfaktoren wurden genannt. 1675 Lippoldt, 1683 Rotermund, 1710 Haase, dann erst wieder 1755 Spörer, 1762 Ebert, 1765 Schottelius, 1768 Schmidt, 1786 Meyer, 1805 Hüter, 1809 Brüel und 1840 Louis v. Uslar.

An jährlichem Einkommen wurden gezahlt an Rotermund (1683) 364, Spörer (1752) 521, Ebert (1763) 298, Schmidt (1769) 286. Nach 1720 bekamen die Pulverfaktoren 20 % des Verkaufswertes.

Im Werk Lautenthal arbeiteten 2 bis 3 *Pulvermacher*. Genannt wurden:

1724 Pahl, Endner, Griesen	1824 Dasecke
1791 Brüning, Grimsehl	1830 Mengler, Uhe
1802 Rießland, Schlamelcher	1847 Herling, Andreas
1807 Kast	1848 Robold
1811 Breckett	1849 Reiche
1819 Bruns	1861 Fuchs, Sandfuchs

Die Salpetersiederei

Belegt ist der Betrieb von 1835 bis 1859. Man kaufte ostindischen Rohsalpeter in Ballen über die Berghandlungsfaktoreien in Hamburg, Harburg und Bremen ein, außerdem von der Bremer Chemikalienfirma Oetling und der Konkurrenzfirma Denstorff.

Da der Rohsalpeter nur 70-85 % Kaliumnitrat und einen großen Anteil an Nebenbestandteilen wie Kochsalz enthielt, eignete er sich erst nach Umkristallisation zur Schießpulverherstellung. Danach war der Gehalt an Kaliumnitrat auf 93-97 % gestiegen. Der Arbeitsvorgang besagte, dass man Rohsalpeter in siedendheißem Wasser im Verhältnis 1: 1 löste. Nach Filtration wurde die Lösung in Wannen vier Tage lang abkühlen gelassen. Die abgeschiedenen Kristalle wurden dann abfiltriert und getrocknet. Das Filtrat (Mutterlauge) wurde eingedampft, was dann ein 2.Kristallisat ergab. Die nunmehr erhaltene Mutterlage wurde wegen der Fremdstoffe verworfen, was einen Verlust an Salpeter von 6-8 % ergab.

1710 verzeichnete man an *Inventar* 16 kupferne Läuterkessel, 10 Bergtröge, Schöpfbehälter, Werkzeuge, Filterrahmen mit Gewebe, Trockentafen und Regale.

In den Jahren 1837-1850 kaufte man jährlich im Durchschnitt 730 Ctr. Rohsalpeter ein, woraus man 660 Ctr. raffinierten Salpeter erzeugte. Das Produkt ging nicht nur zu den eigenen Bergwerken, sondern auch an die Konkurrenz.

Literatur und Quellen

B. Buchanan: Gunpowder- The history of an international technology (1996)
G. Gebhardt: Pulvermühle und Salpetersiederei in Lautenthal 1660-1859
O. Mußmann: Papier, Pulver und sanfte Energie (1993)
Weitere Informationen zu preußischen Pulvermühlen in: *Deutsches Waffenjournal* (1983 S. 294), im Internet über Pulvermühlen (Wikipedia) und bei *W. Schröder*: Pulvermühle im Elisental (Dallenfeld a.d. Sieg)
42 Akten des Niedersächsischen Landesbergarchivs Clausthal-Zellerfeld und des Niedersächsischen Hauptstaatsarchivs Hannover (Bestände Cal. Br. 4, Hildesheim Br. 11, Hann. 84, Hann. 84a mit den Accessionen 7, 8, 11, 14, 17, 27, 28- Hann. 84 c, Hann. 184 Acc. 10)

12 Die Pulvermühle St. Andreasberg 1804-1885

Der Beginn des Betriebes

Die Pulvermühle wurde 1804 durch den Goslarer Pulverfaktor Johann Philipp Denstorff im Wäschegrund bei St. Andreasberg angelegt. Denstorff stellte 1804 bei der Bergverwaltung den Antrag, auf dem Areal des Bäckermeisters Schrader eine Pulvermühle samt Trockenhaus und Arbeiterwohnhaus zu bauen und das Gefälle des Wäschegrabens als Antrieb zu nutzen. Nach Prüfung des Antragswurde Denstorff durch einen Bergsyndikus der Lehnsbrief ausgestellt.Denstorff bot sich an, den Bau aus eigenen Mitteln zu zahlen, musste aber doch Kapital aus der Bergbaukasse aufnehmen. Er musste sich dafür verpflichten, Salpeter und Schwefel von der staatlichen Berghandlungsgesellschaft zu beziehen. Beides erhielt er von der Salpetersiederei in Lautenthal und von der Herzog-Julius-Hütte bei Langelsheim geliefert. Die Bergverwaltung behielt sich auch vor, die anzustellenden Pulvermacher zu vereidigen. Als Preis pro hannoverschen Centner wurden im Jahre 1809 15 Taler vereinbart, der Rohstoffe, Risiko und Fuhrlohn einschloß.

Die Hauptmenge des erzeugten Grubenpulvers ging an einen Teil der St. Andreasberger Bergwerke. Während der französischen Besatzungszeit 1806-1813 wurde der Betrieb streng kontrolliert. Es galt nun das metrische System und es wurde der Bestand in Kilogramm, Hektogramm, Dezigramm bis zum Gramm ermittelt. Fehlmengen von einem Pfund bzw. wurden mit der Zahlung von 10 Franc bestraft.

Personalia

An Besitzern der Pulvermühle wurden genannt: 1804-1813 Johann Philipp Denstorff, danach seine Witwe bis zur Geschäftsfähigkeit des Sohnes Johann Carl Denstorff, der den Betrieb 1835-1846 innehatte. Es folgte dessen Witwe die von ihrem Bruder, dem Hauptmann Wiepking unterstützt wurde. Für 1846-1877 wurde der Sohn Carl Denstorff als Eigner genannt.

An Aufsichtspersonen wurden notiert: Als Verwalter fungierte bis 1845 der Steiger Kolle, dann bis 1851 der Hüttenschreiber Spellerberg, ab 1851 der Schichtmeister Schmidt.

Das Herstellungsverfahren

Das im Revier St. Andreasberg übliche Grubenpulver bestand aus 32 Teilen Salpeter, 7 Teilen Schwefel und 9 Teilen Holzkohle. Die absoluten Mengen wurden wegen der Explosionsgefahr möglichst klein gehalten. Eine Partie von 9 Pfund Pulver wurde aus 5 11/16 Pfund Salpeter, 1 ½ Pfund Schwefel und 1 13/16 Pfund Holzkohle angesetzt. Zuerst wurden Salpeter und Holzkohle getrennt in Kollergängen schonend vermahlen, dann erfolgte das Mischen mit dem gemahlenen Schwefel.

Nach der Befeuchtung der Mischung wurde in einer Stempelpresse verdichtet, hier Pochen genannt. Die Stempel der Presse waren mit Kupfer ummantelt gegen Verpuffung. Aus diesem Grund bestanden auch alle Werkzeuge aus Holz. Die Presslinge wurden getrocknet, dann gebrochen und die Bruchstücke gesiebt. Das Unterkorn wurde in den Prozeß zurückgeführt. Das fertige Grubenpulver bzw. die gewünschte Körnung wurde auf seine Explosionskraft hin getestet (wie auch im Kapitel über die Lautenthaler Pulvermühle beschrieben) worauf dann minderwertige Ware ausgesondert wurde.

Abbildung 19: Kollergang einer Pulvermühle (Irland)

Explosionen

Trotz Vorsichtsmaßnahmen kam es häufig zu Explosionen, die den Betrieb finanziell stark belasteten, da stets Reparaturen oder Neubauten die Folge waren. Im Jahre 1808 konnte man die Schäden an den Gebäuden durch Holzlieferungen von der Grube Skt. Andreascreutz schnell beheben. Am 7.9. 1836 verlor man durch eine Explosion 150 Pfund Pulver, konnte aber den „Puchklotz" wieder reparieren.

1851 brachten zwei Explosionen, in St.Andreasberg und im Hauptwerk Kunigunde, den Eigner Denstorff in arge Geldnöte, sodass er die Bergkasse um 600 Taler Vorschuß bitten musste.

Weitere Explosionen wurden am 14.6. und 6.8. 1853, sowie dem 27.6. 1858 gemeldet. Bergassessor Schuster erwog zwar die Schließung des Werks, verzichtete aber wegen des Schadens für den Bergbau auf diese Maßnahme.

Bezug von Salpeter

Man war vertraglich an die Lieferungen aus der Lautenthaler Salpetersiederei gebunden, ging dann ab 1845 teilweise zum Bezug vom Goslarer Fabrikanten Hampe über. Für 1853-1858 ist die Gesamtlieferung von 1265 Ctr in Einzelmengen von 170-300 Ctr. belegt.

Produktionsmengen

Die Hauptmengen an Grubenpulver ging an die St. Andreasberger Bergwerke Samson, Catharina Neufang, Gnade Gottes, Abendröthe, Bergmannstrost und Felicitas, auch zum Bau des Sieberstollen und des Grünhirschlerstollens. Sehr geringe Mengen von jährlich 2-6 Ctr. kamen zu den Lauterberger Versuchsörtern und 1846-1852 als Detaillieferungen an den Samsoner Pochsteiger Rosenbusch.

Jahresmengen wurden notiert in Ctr. für 1810 = 514, 1811 = 347, 1860 = 360, 1867 = 160.

Die durchschnittliche Jahresproduktionsmenge erreichte: 1824-1835 = 990-1200 Ctr., 1840-1845 = 200-230 Ctr. Diese Angaben resultierten aus den Quartalsangaben, die ab 1860 pro Quartal auf 42 Ctr. sanken. Ab 1867 waren keine Mengen ermittelbar.

Die Lieferpreise lagen für 1840-1850 konstant. Sie betrugen für die Ausbeutegruben Samson und Catharina Neufang bei 25 Talern und 9 Groschen, für die übrigen

Gruben bei 15 Talern 13 Groschen und 18 Pfennigen pro Ctr. Bis 1885 gab es keine weiteren Angaben.

Literatur und Quellen

B. Buchannan: Gunpowder- The history of an international technology (1996)

O. Mußmann: Papier, Pulver und sanfte Energie (1993)

WANO Schwarzpulver GmbH (Hg.): Drei Jahrhunderte Schwarzpulverproduktion in Kunigunde

2 Akten des Niedersächsischen Hauptstaatsarchivs Hannover: Hann. 74 Zellerfeld Nr. 459, Hann. 180; Hildesheim Nr. 18706

9 Akten des Niedersächsischen Landesbergarchivs Clausthal-Zellerfeld

13 Der Betrieb der Langelsheimer Pottaschehütte 1664-1834

Jahrhundertelang diente aus Holzasche gewonnene Pottasche der Herstellung von Gläsern, Schmierseife, Farben und Keramik. Die Verwendung der durch Auslaugen von Holzasche und anschließendem Eindampfen der Lösung erzeugten Pottasche endete erst mit der Durchsetzung des chemischen Verfahrens nach Engel und Precht. In diesem Verfahren wird der Hauptinhaltsstoff der Pottasche Kaliumkarbonat auf chemischem Wege gewonnen. Man konnte zwar natürliche Pottasche aus Übersee importieren, aber dies war zu teuer und umständlich.

Die Langelsheimer Pottaschehütte verstand sich als Nebenbetrieb der Frau-Sophien-Hütte, die 1556 von Herzog Heinrich dem Jüngeren gegründet worden war. Die Frau-Sophien-Hütte war nach der verstorbenen Frau des Herzogs, Sophia Jagellonica, einer Tochter des polnischen Königs Sigismund, benannt worden.

Die Pottaschehütte lag westlich der Frau-Sophien-Hütte an der Innerste, bedingt durch den hohen Wasserverbrauch für die Auslaugung. Eine Karte von 1728 zeigt ihre Lage an einem Altarm der Innerste, genannt „Der Rachen". Dies bedeutet, dass der Hauptstrom später in den Altarm zurückgelegt wurde. Der Betrieb wurde 1834 durch Berghauptmann v. Reden eingestellt, nachdem kaum noch produziert worden war. 1841 erfolgte dann der Abriß der Gebäude.

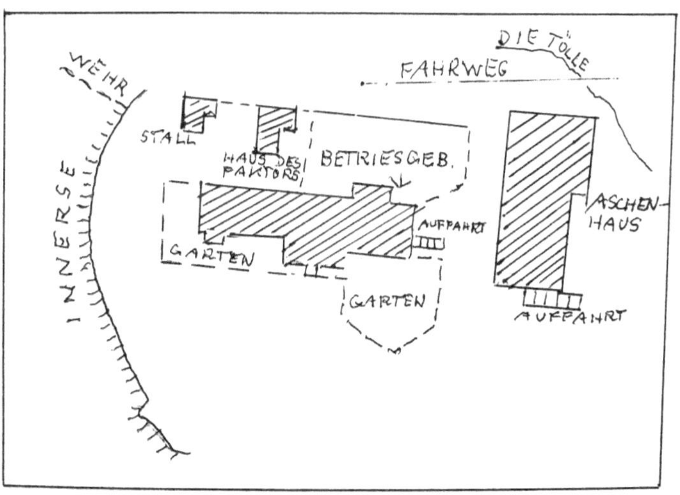

Abbildung 20: Zeichnung der Pottaschehütte Langelsheim

Die Holzasche

Bis weit über die Mitte des 19.Jahrhunderts wurde mit Holz geheizt und gekocht. Die Holzasche wurde von Sammlern aus den Haushalten abgeholt und in Säcken zur Pottaschehütte transportiert. Die Sammler übten eine schmutzige und niedrig angesehene Tätigkeit aus. Sie stammten aus den Dörfern des nordwestlichen Harzes und des Vorharzgebietes. Genannt wurden außer Langelsheim die Orte Astfeld, Wolfshagen, Lutter, Nauen und andere. Aus Langelsheim selbst wurden die Namen Weise, Wiesener, Ziegenbein, Dörmann, Knoke und Schillersen genannt.

Die Holzasche, auch als rohe Brennasche bezeichnet, wurde nach Volumen gehandelt und verarbeitet. Als Maß galten Wispel (12,46 hl) und Himten (31,45 l), also entsprachen einem Wispel 400 Himten. Der Ankaufspreis pro Himten schwankte zwischen 3 bis zu 8 Mariengroschen; die Verwaltung drückte möglichst den Preis. Die Asche wurde durch Sieben von den groben Anteilen befreit und im größten Gebäude, dem Aschenhaus gelagert.

Die Produktionsweise

Die Asche wurde in Bottichen mit Innerstewasser ausgelaugt, das mittels Pipen, also einer Leitung aus ausgebohrten Baumstämmen herangeführt wurde. Man kannte zwei Methoden: bei der Ersten wurde die Asche in Weidenkörbe getan, die mit dichtem Leinentuch ausgeschlagen waren. Aus dieser Lauge mit einem maximalen Gehalt von 25 % wurde eine weiße Pottasche gewonnen. Bei der zweiten Methode wurde nur dekantiert und eine schwarze Pottasche erhalten. Das Eindampfen geschah in eisernen Siedepfannen mit Befeuerung durch Floßholz und Wasen (Reisig).

Mehrmals mussten die Siedepfannen erneuert werden, so z.Bsp. 1751, als eine Siedepfanne bei der Lauterberger Königshütte für 103 Taler und 30 Mariengroschen gekauft wurde. Man erhielt Pottasche, die im Kalzinierofen restlos entwässert wurde.

Die ausgelaugte Brennasche wurde an der Luft getrocknet und ging als sog. Treibasche zu den Silberhütten. Hier wurde sie neu befeuchtet und als Stampfmasse zur Auskleidung der Treibherde und ihrer Ausläufe (Glättegassen) verwendet Beim Treibprozeß wurde das Blei zum Bleioxid oxidiert und als Bleiglätte über die Glättegassen abgezogen.

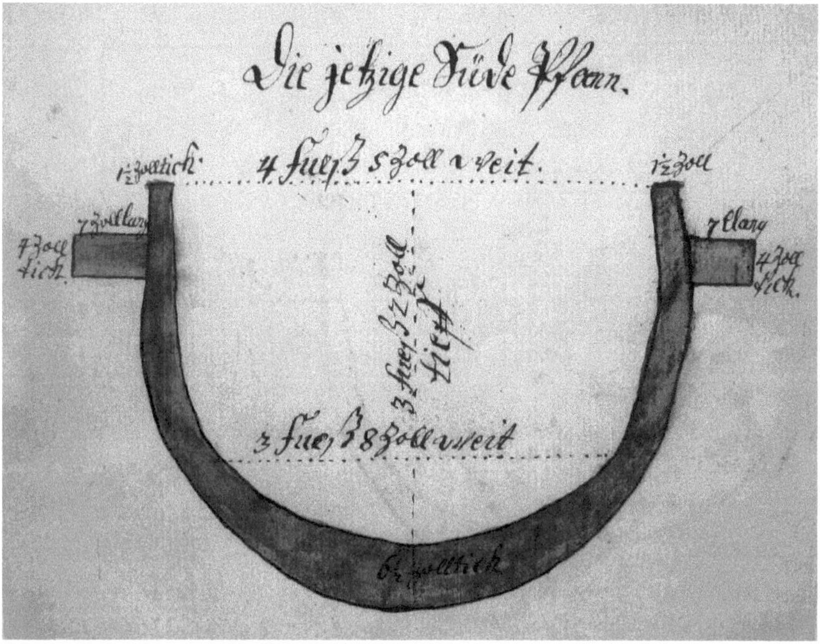

Abbildung 21: Siedepfanne der Lauterberger Königshütte

Inventar an Geräten und Behältern (1704)

Zum Laugen und Eindampfen dienten 1 großer Kupferkessel – später mehrere Eisenkessel – 34 große Fässer für Asche und Lauge, 4 Eichenholztröge für die Lauge, 1 Wasserrinne, 6 kleine Probetubben (Bottiche), 2 Aschebütten, 2 Tubben zum Wiegen der Pottasche, 2 hölzerne Eimer, 2 Himtenmaße, 1 Wasserschütz.
Zum Wiegen waren vorhanden: 1 hölzerne Waage, 1 Waagebalken, 2 Wagschalen und 1 Satz Gewichte.

Außerdem waren nötig für den Kalzinierofen und die Büttnerei 1 eiserner Vorhang, 1 Kratze, 2 Schaufeln, 2 Ofenkrücken, 2 Forken, 2 große Meißel, 1 Spitzhammer, 1 Handsäge, 1 Keilhaue, 1 großer Fäustel und 3 große Eisenplatten.

Personal und Löhne

Vor 1803 waren als Leiter Faktoren der Frau-Sophien-Hütte tätig; genannt wurden 1764 Hünecke und 1793 Giesecke. Ab 1803 hatte der Betrieb eigene Faktoren. Die

Arbeiten wurden von einem Sieder und zahlreichen Hilfskräften ausgeübt. An Siedern kennt man: 1664 Hans Schmidt, 1681 Johann Baptistae, 1707 Hans Heinrich Mosis, 1719 Dietrich Stefan Mosis, 1742 Henning Hartung Börntrick, 1780 Johann August Fricke, 1785 Johann Heinrich Mueß, 1823 Friedrich Schwarze.

Manchmal wurden auch die Gehilfen erwähnt, z.Bsp. 1707 der Aschesieber Henni Börntrick und 1814 der Gehilfe Achilles. Wegen der großen Volumina an Material beschäftigte man Tagelöhner, zum Anfertigen von Fässern einige Büttner.

Vor 1778 verdienten die Sieder wöchentlich 2 Taler. Bis ca. 1800 bezahlte man dann nach der Menge verarbeiteter Asche (für 10 000 Himten Asche 95-115 Taler), kehrte dann aber wieder zu 2 Talern Wochenlohn zurück. In den zahlreichen Stillstandszeiten wegen Aschemangel erhielt der Sieder pro Woche 4 Pfennige Wartegeld, zeitweise auch eine Brotbeihilfe. Der gewesene Sieder Mueß bekam 1826 in der Woche einen Gnadenlohn von 1 Taler, 2 Groschen und 8 Pfennigen.

Ergänzendes

a *Produktionsmengen in hann. Centnern* (46,77 kg)

Jahr	weiße Pottasche	schwarze Pottasche	Jahr	weiße Pottasche	schwarze Pottasche
1752/53	245	-	1821	-	46
1774	86	-	1826	176	237
1778	98	-	1831	143	-
1791	154	1	1832	64	-
1814	52	220	1833	-	-

b. *Brennmaterialverbrauch*

Wegen des schwankenden Mineralgehalts der Holzasche wichen die Mengen des Holzes zum Sieden (in Maltern zu 1,87 cbm) und Wasen (in Schock Bündeln, 1 Schock = 60 Stück) stark voneinander ab.

1778 Verbrauch für 10 000 Himten Asche 435 Malter Holz und 348 Schock Wasen (Reisig), 1791 Verbrauch für 5 556 Himten Asche 277 Malter Holz und 140 Schock Wasen; hierbei wurden 100 Ctr. weiße Pottasche gewonnen.

Beispiel für das Jahr 1778: Einnahmen und Ausgaben in Talern

c. *Geldrechnungen*

Einnahmen		Ausgaben	
175 Ctr. weiße Pottasche	875	10 000 Himten Brennasche	1111
2 Ctr. schwarze Pottasche	2	Wasen	109
10 000 Himten Treibasche	694	Siedelohn	97
		Trockenlohn	52
		Faßherstellung	22
Summe Einnahmen	1571	Summe Ausgaben	1574

Es ergab sich ein Verlust von 3 Talern.

Überschüsse und Verluste differierten stark. An Maxima verzeichnete man an Überschuß 325 Taler (1794), an Verlust 118 Taler (1789).

Die Preise für 1 Ctr. weiße Pottasche betrugen in Talern und Groschen (Mariengroschen):

1778 = 5. 18 / 1817 = 9. 15 / 1820 = 6.24 / 1822 = 7. 13 / 1831 = 5. 12

Quellen

Akten des Staatsarchivs Wolfenbüttel: 16 W Fb 4 Nr.942 Alt Nr.8708 29 Alt Nr. 1, 2, 4, 29, 322439, 441 /4 Alt 17 Nr.317, 3264 /30 N Nr.63 /50 Neu Nr. 11671 /59 Neu Nr. 46 /61 Neu Nr. 491

Akten des Niedersächsischen Landesbergarchivs:Hann. 84 g Sophienhütte Nr. 0144, 0145, 0153, 0157, 0163 /Hann. 84 b Nr. 0318 /Hann.84 b Acc.5 Nr.0318

14 Kunstgräben am Beginn des Dammgrabens

Wasser war im Bergbau des Harzes das Hauptantriebsmittel für Förderung und Wasserhaltung. Wassermangel bedeutete Ersaufen der Gruben und bittere Not für die Bergleute Die Lebensader für den Bergbau auf dem Oberharz war der Dammgraben, zu Beginn auch Langer oder Breiter Graben genannt. Nach dem Bau des Sperberhaier Dammes 1734 wurde er beharrlich nach Osten weiter getrieben. 1767 war Altenau oberhalb umgangen worden. Man entzog dadurch den Altenauer Gruben das Aufschlagswasser. Der Einspruch Altenaus wurde aber von den Bergbehörden abgelehnt.

Der Dammgraben wurde bis an das Schnidewasser geführt, damals die Grenze zum Communionharz (Schnat oder Schnede = Grenze). Erst 1788 wurde dieser Harzteil dem Königreich Hannover zugeschlagen und der Bau konnte weitergehen. Weit vorausschauend hoffte man, das Wasser der Moore am Brocken und Bruchberg gewinnen zu können.

Als Beginn des Dammgrabens gilt heute der Zusammenfluß von Blochschleifegraben, des Abbegrabens, des Flörichshaier Grabens und des Clausthaler Flutgrabens unterhalb des Nabetaler Wasserfalls.

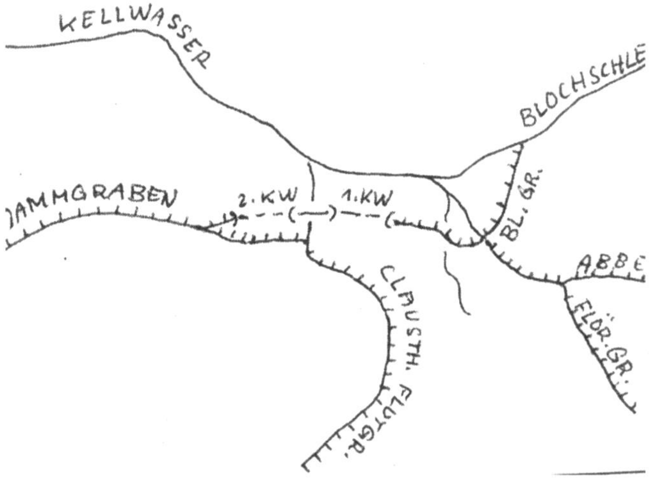

Abbildung 22: Zeichnung des Dammgraben-Ursprungsgebiets

Pläne und Bau nach 1800

Der Abfluß des Clausthaler Flutgrabens bestand schon früher, aber ab 1807 gingen Pläne ein zur Gewinnung des Wassers östlich der Steilen Wand (unterhalb von Torfhaus), das bisher durch das Kellwasser abfloß. 1811 brachte der *Markscheider Meine* nach vorheriger. Untersuchung des Gebiets fünf Vorschläge ein. Darunter waren die Unterführung (durch Wasserläufe) des Schachtkopfes und des Mittelberges. Die Länge der Wasserläufe differierte.

In den Plänen von 521 bis 870 Lachter (1 hann. Lachter = 1,92 m) und die Länge des Grabens von 73 bis 365 Ruten (1 hann. Rute = 4,67 m). Für die Anlegung des Grabens war die „Durchschnedelung" (Schneise) eines Tannenbestandes nötig, was jedoch die Forstbehörde nicht gern sah. Diese befürchtete nämlich, dass die hier oft auftretenden Fallwinde einen Angriffspunkt in dem unterbrochenen Wald finden könnten.

Die Kostenanschläge von 1811 differierten dann auch von 4149 bis zu 19 678 Talern, was den Bau bis 1823 verzögerte.

Nach Plänen und unter der Leitung von *Oberbergmeister Ey* wurde zu Beginn 1823 der beiden Kellwasser-Wasserläufe (KW in Bild 29) in der Länge von 170 und 230 m begonnen. An gefährdeten Stellen wurden die Wasserläufe verzimmert. Beide Teilstücke (1.und 2.Kellwasser-Wasserlauf) wurden mittels eines hölzernen Gerennes verbunden Im September 1824 hatten 12 Gedingehauer das Werk vollendet. Die Untertageführung des Wassers war an dieser Stelle notwendig, weil Schneewehen und Steinschlag einen offenen Graben verstopft hätten. Die Kosten für beide Wasserläufe betrugen 4150 Taler.

Der Blochschleifegraben

Dieser Graben in der Länge von 838 m wurde 1827 durch 9 Bergleute unter der Leitung des *Steigers Eisfelt* gebaut. Er brachte den Großteil des Wassers des Blochschleifenbachs, der Brüche der Lärchenköpfe, des oberen Kellwassers, des Abbegrabens und des Flörichshaier Grabens zum Eingangmundloch des 1.Kellwasser-Wasserlaufs. Auf dem Boden des Tals, wo der Blochschleifegraben in das Kellwasser zuvor abfloß, wurde von *Theodor Müller* der Rest eines Teichdamms für die Flößerei nachgewiesen. Dieser war 1576 unter Herzog Julius von Braunschweig-

Wolfenbüttel erbaut worden mit einer Stauhöhe von angeblich 95 Fuß und einer Breite von 136 Fuß, der aber nur eine kurze Lebensdauer besaß.

Der Abbegraben

Die Abbe sammelte das Moorwasser des Brockenfeldes und führte es in die Ecker ab. Ein Teilstrom wurde schon um 1575 für die Flößerei am Abbeschut zur Radau abgeleitet. 1823 scheinen schon Teile des Abbegrabens bestanden haben, denn man spielte mit dem Gedanken, mit einem Abschlag Wasser dem Oderteich zuzuleiten.

1827 wurde unter der Aufsicht des *Untergrabensteigers Degenhardt* weitergebaut und im September waren 2475 m Graben fertig. Es war zügig vorangegangen, denn der Granitsand des Brockengebiets lieferte gutes Dichtungsmaterial. Zusammen mit dem Bau des Flörichshaier Grabens waren 24 Waldarbeiter aus Elbingerode 16 Wochen an der Arbeit gewesen. 1852 wurde von Erneuerungsarbeiten an ca.4000 m Gräben in diesem Gebiet berichtet, an denen 8 Arbeiter aus den Erzwäschen, 8 Grabenarbeiter und 4 Helfer eingesetzt waren.

Abbildung 23: Abbegraben

Der Flörichshaier Graben

Als Vorläufer war 1794 ein Graben geplant, der östlich des Oderteichs angelegt werden sollte und der nahe des Breitensteins bis zum Königshof (Königskrug) reichen sollte. Hiergegen legten die Andreasberger erheblichen Protest ein, was die Pläne vereitelte. 1827 wurde bis zum September dieses Jahres der Graben mit der Länge von 624 Lachtern (1200 m) erbaut. Die Andreasberger Bergleute waren über die Anlage, die ihnen wichtiges Aufschlagwasser für den Oderteich entzog, so erbost, dass sie den Graben zuschütteten. Auf Druck der Behörden mussten sie den alten Zustand wieder herstellen. 1852 erfolgte zusammen mit dem Abbegraben eine gründliche Überholung.

Der Clausthaler Flutgraben

Einige Belege sprechen dafür, dass schon vor 1792 die Wasser dieses Grabens die Altenauer Gruben über das Nabetal und den Lilier Graben versorgten. Er trug damals noch den Namen Rotenbach, leicht zu verwechseln mit dem Rotenbach, heute Rotenbeek, südwestlich von Altenau. *Oberbergmeister Steltzner* schlug vor, ihn bis zu den Sonnentälern, also in die Nähe der Sieberquelle zu verlängern. Dieses geschah dann 1807. Man gewann dadurch das Wasser aus den Brüchen am Osthang des Bruchbergs zum Nachteil des St. Andreasberger Bergbaus. Das Wasser floß durch das starke Gefälle des Nabetals (Nabetaler Wasserfall), das durch Holzeinbauten gesichert worden war. 1809 wurden hier größere Arbeiten unter Grabensteiger Meyer ausgeführt.

Der Hauptstrom des Clausthaler Flutgrabens fällt über den Nabetaler Graben hinunter zum Dammgraben, der geringere Teil abwärts zum Kellwasser.

1821 leiteten 10 Hüttenleute unter dem Hüttenmann Eckert aus Oker das Wasser des Nabetals trotz Verbots durch den Altenauer Bergmann Peinemann hinab ins Kellwasser zum Flößen von Rösteholz.

Die Verhältnisse in neuerer Zeit

Unterdessen wurde die Holzverzimmerung in den beiden Kellwasser-Wasserläufen durch Eisen ersetzt, das Holzgerenne zwischen beiden ebenfalls 1946 wurde vom Kreisausschuß Zellerfeld ein detaillierter Plan erarbeitet, das Gefälle des Nabetals zur Stromgewinnung zu nutzen.In zwei Kraftstufen hätte man 176 kWh gewinnen können.Das Projekt wurde von der damaligen Preußag abgelehnt.

In den Jahren um 1980 führten jährlich bei mittlerer Wassermenge der Abbegraben 1, 1 Mio. cbm, der Flörichshaier Graben 0,6 Mio. cbm, der Clausthaler Flutgraben 2,0 Mio. cbm und der Dammgraben unterhalb des Nabetals zusammen 10,8 Mio. cbm.

Literatur und Quellen

G. Gebhardt: Die Kunstgräben zwischen Torfhaus und Altenau, in Unser Harz, H.2 (2001)

H. Haase: Kunstbauten alter Wasserwirtschaft im Oberharz (1985)

Th. Müller: Schifffahrt und Flößerei im Flussgebiet der Oker (1968)

H. Böttcher: Wasserturbinen im Wilhelmschacht (1997), in: Allgemeiner Harz-Bergkalender

Akten des Niedersächsischen Landesbergarchivs (Alte Signatur F = Fach, A = Akte): F. 1157-A.5/F. 1169 –A.43 /F. 1171-A. 10,73,7691 /F. 1175 -A.9 /F. 1179-A.24 /F. 1186-A.8 /F. 1187-A.25 /F. 1188-A.23

15 Die Kornversorgung des Oberharzes

Wegen der schlechten Bedingungen zum Getreideanbau wurde Korn, und hier zumeist Roggen, in Magazinen am Harzrand gelagert. Das größte Magazin bestand von 1723 bis ca. 1900 in Osterode, zwei weitere bestanden in Goslar und Herzberg, dazu noch einige kleine Magazine. Das Getreide gelangte mit Tragtieren in den Oberharz und wurde dort verteilt. Die Bergverwaltung verkaufte dies zu einem geringeren Preis als dem Einkaufspreis an die Beschäftigten des Bergwesens und ihre Angehörigen. Dass hier von staatlicher Seite erhebliche Zuschüsse geleistet wurden, unterstreicht die Wichtigkeit des Harzbergbaus und des Hüttenwesens seinerzeit. Ab 1850 wurden Bahnen und bessere Straßen im Harz gebaut. Dadurch nahm die Bedeutung der Kornmagazine für die Versorgung ab und erlosch um 1900.

Wie allgemein bekannt, geben rauhes Klima und schlechte Bodenbeschaffenheit ungünstige Voraussetzungen für den Getreideanbau. Es gab hierzu im Oberharz im 16.und 17.Jahrhundert Versuche um Clausthal, Zellerfeld und St.Andreasberg. Die Bergbehörde verbot aber 1653 diesen Anbau, weil er möglicherweise dem Bergbau Arbeitskräfte entzogen hätte. Auch wollte sie weiterhin die Wiesenflächen für die Gewinnung von Rasensoden, die zur Abdichtung der Kunstgräben nötig waren, nutzen. Diese Haltung war noch 1860 erkennbar, als Einwohnern von Wildemann die Umnutzung von Wiesen zum Kartoffelanbau untersagt wurde.

Die Bergverwaltung begann im Dreißigjährigen Krieg 1618-1648 planmäßig mit dem Ankauf von Korn in der Umgebung des Harzes. Die Lagerung geschah noch in angemieteten Räumen wie Brauhäusern oder in den Amtshäusern. Zu versorgen waren 20 000 bis 25 000 Personen (1822 = 23 900) Die nötigen Kornmengen konnte man aber nur in großen Magazinhäusern gesollert (= gelagert) werden. Man plante also ab 1660 ein Kornhaus in Osterode; der Bau wurde aber erst 1723 vollendet. Das Korn wurde in allen Ämtern des südhannoverschen

Raumes und in Thüringen angekauft. Für das Magazin in Goslar kam das Korn aus hildesheimer und braunschweigischen Ämtern.

Zur Kornversorgung vor 1723

Nachrichten über Kornverteilung kommen schon im 16.Jahrhundert vor, jedoch trat dringender Bedarf wegen enormer Teuerung erst ab Ende des Dreißigjährigen Krieges auf. Nun begann das Clausthaler Bergamt mit Kornankauf und verbilligter Abgabe an die Harzbewohner. 1639 ist die Lieferung von 978 Maltern Roggen aus braunschweigischen Ämtern zum Preis von 3295 Talern belegt.

Nach dem Krieg bewirkte die gesunkene Bevölkerungszahl eine ausreichende Versorgung, dafür traten aber starke Teuerungen auf.

Im Winter 1661/62 Ließ Herzog Christian Ludwig die Not durch Verteilung von 1500 Maltern Korn lindern. Aus diesem Anlaß stammte die spätere Praxis, an verheiratete Berg- und Hüttenleute zwei Himten, an Ledige einen Himten (= ca. 21 kg) verbilligt auszugeben. Die Teuerung von 1674 bewirkte eine ähnliche Aktion. Hier wurde festgelegt, dass bei einem Marktpreis von über 21 Groschen pro Himten der Staat einsprang.

Nachdem 1681 und 1684 wiederum Notlagen Kornankäufe für 20 000 Taler notwendig gemacht hatten, begann man in den Regierungen in Hannover und Braunschweig zusammen mit den jeweiligen Bergverwaltungen mit Überlegungen zur Einrichtung fester Magazine anzustellen. Einstweilen behalf man sich aber noch mit der Kornlagerung in den Amtshäusern.

Als 1693 wieder Kornlieferungen nötig wurden, plante man die Anlegung von Magazinen in Osterode und Goslar.

Die Kosten der verbilligten Kornabgabe sollten zur Hälfte die Landesherren tragen, die zweite Hälfte verteilte man auf verschiedene Kassen. Zum Kornempfang berechtigt waren die Bergleute, das Personal der Poch- und Hüttenwerke sowie Fuhrleute mit allen Angehörigen der Genannten.

In Edikten von 1698 und 1699 wurden die monatlichen Zuteilungen auf zwei Himten (= ca. 42 kg) für Erwachsene und einen Himten für Minderjährige festgelegt. Der staatliche Interventionspreis lag nun bei 24 Groschen pro Himten bei Roggen und bei 9 Groschen bei Hafer. Weizen kam nicht in Betracht, da diesen sich nur Vermögende leisten konnten.

Die Teuerung im Jahre 1709 verursachte eine solche Unruhe, dass Militär die Straßen sichern musste. Als 1774 wieder eine Teuerungswelle über das Land kam, musste man erkennen, dass wegen der niedrigen Löhne ständige Kornzuwendungen aus festen Magazinen nötig waren.

Für Goslar plante man ein Gebäude für die Aufnahme von 14 000 Maltern = 1700 t wegen Materialmangels entschloß man sich dann zur Lagerung in Teilen der Kaiserpfalz. In Osterode errichtete man ein neues Magazingebäude, in Herzberg verwendete man ein bestehendes Lagerhaus.

Das Kornmagazin in Osterode

Unter der Regie des *Berghauptmanns Heinrich Albert von dem Bussch*e entwickelte sich das Projekt und wurde von dem Clausthaler Proviantverwalter *Sudfeld Vick* geplant, nach dessen Tod von seinem Bruder Georg in den Jahren 1720-1723 verwirklicht.

Dafür leistete der italienische Hofbaumeister *Crotogino* in hannoverschem Dienst wertvolle Hilfe. Das Gebäude, geplant für 12 000 Malter Korn, erhielt die Maße 67,2 x 15,6 m mit der Gesamthöhe von 11,5 m. Der Kostenanschlag von 15 000 Talern wurde mit 25 738 Talern weit überschritten. Die Baukosten wurden zu je einem Drittel von der herrschaftlichen Zehntkasse und der Gewerkenkasse sowie zu je einem Sechstel von der Bergbaukasse und der Clausthaler Kämmereikasse getragen.

Blickfang an der Nordfassade des Magazins war und ist das großbritannisch-hannoversche Staatswappen des hannoverschen Bildhauers Quirinus Ulrich und das Motto über dem Portal – „Utilitati Hercyniae“ (Zum Nutzen des Harzes). Die sieben Geschosse des Magazins fassten rund 2000 t Getreide. Nach dem ersten Jahr der Kornlagerung musste das Gebäude bis 1732 leer stehen, da einem Wurmbefall des Korns nicht beizukommen war.

Die Aufsicht über die Vorräte führten ein Verwalter und ein Kornschreiber. An Verwaltern wurden genannt. 1740-1770 Länge und Stiels, 1770-1780 Lehste, 1780-1810 Grund und 1840-1850 Strauch. Die groben Arbeiten verrichteten ein Kornmesser und 4-8 Arbeiter.

Nachdem 1911 die Nutzung durch die Bergverwaltung aufgehoben wurde, kaufte die Stadt Osterode das Grundstück mit Magazin und Wohnhaus für 23 500 Reichsmark. Während des ersten Weltkrieges 1914-1918 nutzte die staatliche Versorgungsbehörde das Gebäude nochmals zur Kornlagerung. Danach wurden die Räume von den Getreide- und Lebensmittelhändlern Dannenberg und Mailand als Lager gemietet.

Das Kornmagazin in Goslar

In Goslar wurden schon in den Jahren 1564-1568 größere Getreidemengen auf privaten Kornböden gelagert, allerdings nicht in Regie der Bergverwaltung. 1621-1622 wurde von einer Kornlieferung im Wert von 11 461 Talern aus braunschweigischen Ämtern für den Harz berichtet und 1681-1683 wurden in Goslar 6558 Malter Korn gelagert.

Ab 1690 begann die Clausthaler Bergverwaltung mit der Anmietung von vier Böden in der Kaiserpfalz – zum Marienberg gelegen – für die jährliche Pachtsumme von 28 Talern. Auch das Landesmagazin nutzte vier Böden und zahlte 35 Taler. Außerdem wurde 1731-1736 Korn auf privaten Böden gelagert. Als Mieter wurden Ratsvoigt Wolf, Bergsyndikus v. Uslar, Bürgermeister Siemens u.A. genannt.

1851-1859 wurden in der Kaiserpfalz jährlich 3100-6900 Malter Korn an Vorrat gehalten (1 Malter = 1,87 hl) und 7500 bis 13 300 Malter gekauft. Als 1866 der Krieg des Königreichs Hannover mit Preußen begann, schafften Fuhrleute mit Hilfe von Harzer Grubenarbeitern das Korn nach Lautenthal und in das Clausthaler Brauhaus.Nach der Besetzung durch Preußen wurde die Kaiserpfalz an das Finanzministerium verkauft und die Korneinlagerung erlosch.

An Aufsichtspersonen sind folgende Faktoren bekannt: um 1714 Trautmann, um 1761 Laube, um 1780 Knappe, 1790-1810 Giesecke und Schachtrupp sowie 1850-1866 Schulze.

Man unternahm 1824 einen Lagerversuch in einem unterirdischen „Siero" (Silo) nach griechischem Vorbild, der aber wegen durchlässigen Bodens scheiterte

Das Kornmagazin in Herzberg

In den Jahren 1797-1800 war ein kleines Magazin in Räumen des Welfenschlosses eingerichtet, in denen nur bis 500 Malter (= 60 t) Platz fanden. Aufsicht und Kornmessung wurden hier von Bediensteten aus Osterode ausgeführt wie dem Verwalter Grund und von Kornmesser Kolle.

Im März 1800 kaufte das Clausthaler Bergamt den Herzberger Jägerhof an der Göttinger Straße (heute Umspannwerk) für 1090 Taler, das bisher zur Aufbewahrung von Gewehren und Jagdutensilien diente. Es erfolgten Umbau und Erneuerung, indem Kornböden eingerichtet wurden und u.a. die Zufahrt durch neue Torwege erleichtert wurden.Man regelte auch den Parteienverkehr durch einen Raum für den Aufenthalt während der Kornmessung. Der Umbau kostete 1902 Taler und dauerte über die Jahre 1801 und 1802. Das Gebäude besaß die Maße 45 x 12,3 m und konnte in zwei Geschossen mit vier Kornböden 4000 Malter (= ca. 500 t) aufnehmen. Als Verwalter wurden Bremer und Leutnant Leffers genannt.

Die Abrechnungen von 1814 bis 1847 belegen einen Umsatz von 467 763 Maltern Roggen, 40 094 Maltern Gerste, 30 797 Maltern Weizen und 66 Maltern Erbsen. Dieser Zeitraum war unterbrochen durch die Jahre 1826-1829 und 1835-1838, als wohl Leerstand wegen Wurmbefall herrschte.

Nach dem Tod des Verwalters Leffers 1848 erfolgten die Stilllegung und die Überführung des Inventars wie Waagen und Meßgefäße an das Magazin in Osterode. Das Gesuch der St. Andreasberger Bergleute um Wiederaufnahme des Magazinbetriebes wurde kurzerhand abgeschmettert. Das weitere Schicksal des Jägerhofs bestand darin, dass er 1860 an die Forstverwaltung zurückging und 1872 abgerissen wurde.

Weitere Magazine

Bei Bedarf wurden kleinere Lagerräume genutzt, so 1756-1760 im Siebenjährigen Krieg (1756-1763). Der Amtmann Fricke von Braunlage schätzte 1756 den Bedarf auf 200 Scheffel pro Woche (= 60 t) für seinen Bereich. Er ließ im folgenden Jahr 1065 Scheffel Roggen und Gerste ankaufen und in der Kirche, im Amtshaus und bei Privaten in Braunlage lagern. Als dann 1760 dieser Betrieb eingestellt wurde, registrierte man einen Verlust von 1134 Talern, denn aus finanzieller Not konnten etliche Familien das Korn nicht bezahlen.

In Clausthal diente das Kornmeßhaus, das 1757 am Markt für 405 Taler erbaut worden war, als Zwischenlager.

In Osterode und Goslar wurden 1799 und 1819 Hafermagazine eigens für die Fuhrleute geplant, aber nicht ausgeführt. In Osterode bestand noch zeitweise ein Fouragemagazin der Armee, das 1779/80 aufgegeben wurde.Hier verkaufte man 68 000 Rationen, die aus je einem Himten Korn (= 10,4 l), 10 Pfund Hafer und 5 Pfund Stroh bestanden.

Weitere kleine Magazine plante man 1720 in St.Andreasberg und Altenau, verwirklichte sie aber nicht.

Der Magazinbetrieb

Die Söllerung (Lagerung) unterlag bestimmten Regeln. Das Korn wurde in Haufen oder in max. 2,5 Fuß Höhe flächig aufgeschüttet. Im Sommer musste man zweimal, im Winter einmal pro Woche umstechen. Zur Kontrolle der Kornstecher wurden einige Holzkugeln unter das Korn gegeben, welche die Arbeiter dann abzuliefern hatten.

Wichtig bei den Magazinen waren Trockenheit und gute Belüftung durch seitliche Klappen, die zum Schutz gegen Insekten mit Netzen bespannt waren. Dies half aber meist nicht bei Befall durch den weißen oder schwarzen Wurm. Auch sorgfältige Reinigung der Böden und Wandanstrich waren unwirksam, ebenso die Tränkung mit Vitriollösung. Eine kurzzeitige Besserung erzielte man durch Einbringen von frischem Heu vor der Befüllung mit Korn.

War der Befall eingetreten, so versuchte man Korn zu retten indem man es mittels einer Rolle behandelte und Spreu und angefressenes Getreide aussonderte. Mehrmals – und das über 2-4 Jahre – standen Magazine leer, weil man der Wurmplage nicht Herr wurde.

1824 bereiste der Osteroder Verwalter Sachsen und Thüringen und brachte von dort Anregungen über das dortige Darren des Getreides mit. Deswegen kaufte man 1826 eine Darr-Maschine aus Schwedenstellte aber erst 1841 Versuche damit an. Die auf 84^0 Reaumur (105 ^{0} C.) beheizte Trommel schaffte pro Stunde einen Durchlauf von ca. 620 kg. Man zog aber aus den Versuchen keine Schlüsse.

Die Verwalter und Rechnungsführer hatten Ein- und Ausgänge an Korn und Geld genau festzuhalten und dem Bergamt und der Regierung Bericht zu geben. Sie hatten den Lagerbetrieb zu überwachen und oftmals auch selbst das Getreide anzukaufen. Für zahlreiche Reisen zu Kauforten sind die Spesenabrechnungen erhalten; die Diäten betrugen einen Taler pro Tag, dazu kamen Übernachtungen und Pferdefutter.

Man beschäftigte in den Magazinen je nach Kornumsatz 3-8 Tagelöhner, die um 1770 täglich 6 Mariengroschen Lohn empfingen. Bei Arbeitermangel konnte der Lohn auf über 10 Groschen steigen, fiel aber nach 1800 auf unter 4 Groschen. Dann konnte es passieren, dass die Arbeiter unerlaubt ein „Aufschüttgeld“ verlangten (1802), auch Korndiebstähle kamen dann vor (z. Bsp. 1864).

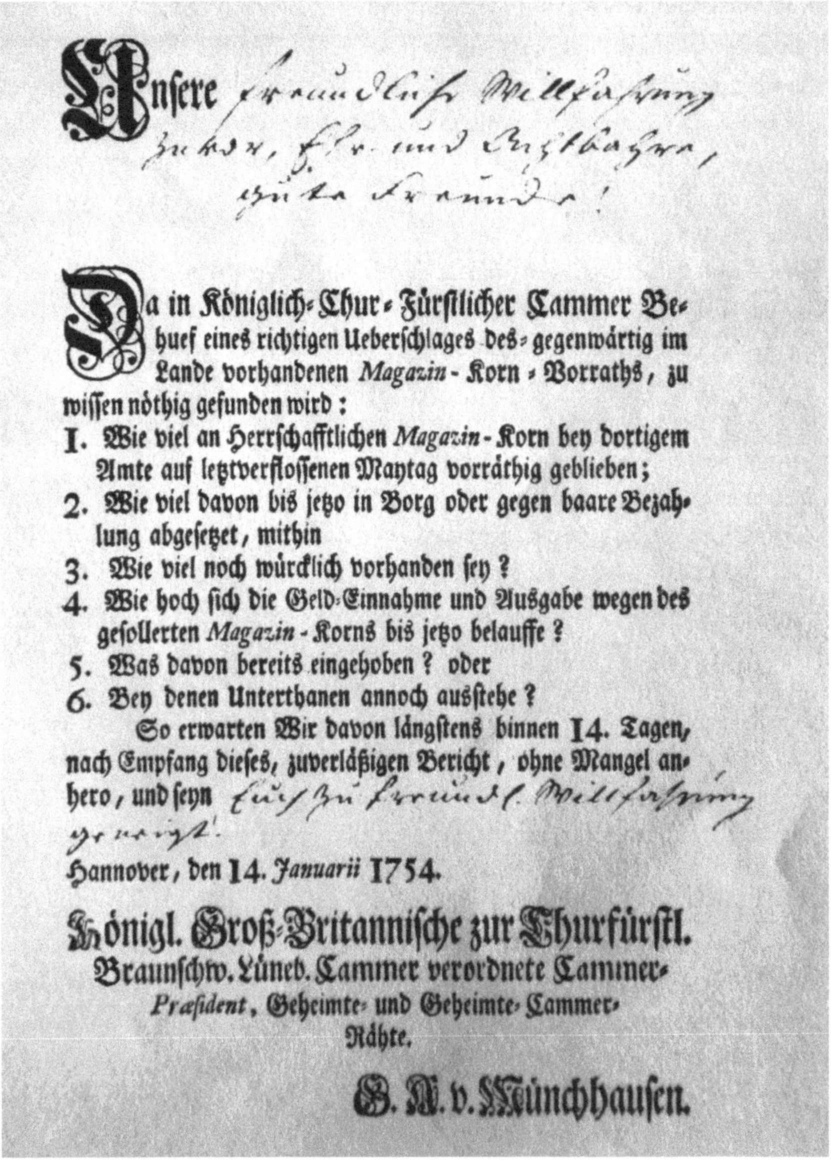

Unsere freundliche Willfahrung zuvor, Ehr- und Achtbahre, gute Freunde!

Da in Königlich-Chur-Fürstlicher Cammer Behuef eines richtigen Ueberschlages des-gegenwärtig im Lande vorhandenen *Magazin*-Korn-Vorraths, zu wissen nöthig gefunden wird:

I. Wie viel an Herrschafftlichen *Magazin*-Korn bey dortigem Amte auf letztverflossenen Maytag vorräthig geblieben;

2. Wie viel davon bis jetzo in Borg oder gegen baare Bezahlung abgesetzet, mithin

3. Wie viel noch würcklich vorhanden sey?

4. Wie hoch sich die Geld-Einnahme und Ausgabe wegen des gesollerten *Magazin*-Korns bis jetzo belauffe?

5. Was davon bereits eingehoben? oder

6. Bey denen Unterthanen annoch ausstehe?

So erwarten Wir davon längstens binnen 14. Tagen, nach Empfang dieses, zuverläßigen Bericht, ohne Mangel anhero, und seyn Euch zu freundl. Willfahrung geneigt.

Hannover, den 14. *Januarii* 1754.

Königl. Groß-Britannische zur Churfürstl.
Braunschw. Lüneb. Cammer verordnete Cammer-
Præsident, Geheimte- und Geheimte-Cammer-
Rähte.

G. A. v. Münchhausen.

Abbildung 24: Formular an die Kornmagazine

Zur Verteilung des Korns

Aus den Magazinen wurde das Getreide durch Eselskarawanen zu den Bergstädten gebracht. Die Besitzer der Tragtiere, die sog. „Fruchttreiber“, waren rings um den Harz ansässig, viele in Freiheit, heute ein Teil von Osterode. Sie rasteten in Ausspannhöfen wie dem „Löwen“ in Clausthal. Es war Vorschrift, dass nur das Korn aus den staatlichen Magazinen in den Oberharz gelangen sollte, jedoch wurde dies oft umgangen. Spekulanten kauften in den Anbaugebieten billig ein und verkauften mit Gewinn. Es kam auch oft vor, dass sich etliche Verbraucher zusammentaten und das Korn aus den Magazinen holten.

Die verbilligte Kornabgabe war genau geregelt. Ab 1700 standen den Verheirateten zwei Himten pro Monat zu (= 40 kg) den Ledigen und Jugendlichen 1 Himten. Witwen bekamen je nach Zahl der Kinder einen halben bis zwei Himten. Die Berechtigten erhielten Kornzettel bei den Schichtmeistern sowie den Poch- und Hüttenschreibern der Betriebe. Erwiesener Betrug wurde hierbei streng bestraft. Zahlreiche Bedürftige bekamen gnadenweise Zuteilungen; allein waren dies im Jahr 1745 ca. 600 invalide Bergleute.

Viele Gesuche um Kornzuwendungen wurden abgelehnt oder nicht beantwortet, es kamen aber auch Fälle von großzügiger Gestattung vor, z.Bsp., als 1855 der Gedingsteiger Blechschmidt nach Amerika auswanderte und seine Familie unversorgt zurückließ. In diesem Fall erhielt seine Frau Grundlohn und Magazinkorn. Trotz dieser Zuwendungen mussten viele Leute ihr Korn teilweise oder ganz auf Kredit kaufen und konnten schließlich doch nicht bezahlen. So waren es 1773 in Clausthal 225 Personen, fast alles Witwen, die ihre Schulden nicht begleichen konnten.

In besonderen Notzeiten gab man auch Korn an Nichtberechtigte ab, ebenso warme Mahlzeiten aus den Rumford‘schen Anstalten. Waren bestimmte Getreidearten knapp, so gab man Gemische aus: 1741 ein Gemenge aus Roggen und Gerste, 1793 mischte man auch Hafer hinzu und 1818 verteilte man sogar eine Mischung aus 8 Teilen Roggen, 4 Teilen Gerste und 1 Teil Erbsen. Bei starken Teuerungen wurden auch anstelle von Korn Geldzuschüsse gegeben, wie 1700 und 1744 an die Einwohner von St.Andreasberg. Dann wiederum wurde statt Korn verbilligtes Brot verkauft: 1772 wurden in St.Andreasberg 21 149 Fünfpfundbrote gebacken, die zum Preis von 7 Groschen nicht absetzbar waren, da die Leute die Brote in Clausthal für 5 Groschen pro Stück kaufen konnten.

Ab 1850 änderte sich die Regelung. Bei einem Marktpreis von 6,50 Mark pro 50 kg Korn durften Verheiratete 50 kg und Ledige 25 kg Roggen zum Preis von 5,20 Mark beziehen.

Zum sog. Magazinschaden

Der Unterschied zwischen Ankaufspreis und verbilligtem Verkaufspreis des Getreides bedeutete den sog. Magazinschaden. Dieser Verlust betrug für den Einseitigen Harz und Kommunionharz: 1 800-1810 = 712 131 Taler /1850-1859 = 665 316 Taler /1860-1865 = 245 044 Taler. Das Herzberger Magazin erwirtschaftete 1814-1847 einen Verlust von 753 007 Talern.

Träger des Magazinschadens waren ab 1764 zur Hälfte die Clausthaler Zehntkasse und zu je einem Sechstel die Bergbaukasse, etliche Grubenkassen und die Clausthaler Kämmereikasse.

Bei der Berechnung des Anteils der Betriebe wurde zwischen dem Clausthaler und dem Zellerfelder Revier unterschieden, obwohl ab 1788 der gesamte Westharz zum Königreich Hannover gehörte. Hier führte der Umstand, dass das Herzogtum Braunschweig nach der Aufgabe seines Anteils am Kommunionharz nicht mehr lieferte und zahlte, zu ernsten Schwierigkeiten, nachdem es auch vorher Engpässe gegeben hatte. Zum Kornkauf musste die Bergbaukasse Anleihen bei Ämtern und Privaten aufnehmen, wie z.Bsp. 1763, als den Ämtern Pöhlde, Elbingerode und Scharzfels für die Aufnahme von 4500 Talern als Sicherheit Kuxe der Grube Dorothea gegeben wurden.

Literatur und Quellen

G. Gebhardt: Die Kornversorgung des Oberharzes, in: Unser Harz, H.6 (2002)

Lahmeyer: Das Magazinkornwesen des oberharzer Bergbaus, in: Zeitschrift für Bergrecht 30 (1809)

W. Lampe: Die Geschichte des Jägerhofs zu Herzberg, in: Allgemeiner Harzbergkalender (1998)

J. Leuschner (Hg.): Osterode, Welfensitz und Bürgerstadt (1993)

R. Oberschelp: Beiträge zur niedersächsischen Preisgeschichte im 16.-19. Jahrhundert (1986)

K. Schmidt: 500 Jahre St. Andreasberg.

Akten des niedersächsischen Hauptstaatsarchivs Hannover Bestand Hann.74 Osterode)
Akten des Landesbergarchivs Clausthal-Zellerfeld (Bestand Forstamt Clausthal / Verschiedenes in Fach 1639-1662)
Akten des Stadtarchivs Goslar (Stadtnebenbuch C 719)
Akten des Stadtarchivs Osterode (Bestand 2 Nr. 385, 386 und Bauamt Fach 8 Nr.7)

16 Zur Geschichte der Kornmühlen der oberharzer Bergstädte

Das im Oberharz anfallende Wasserwurde nicht nur in den Bergwerken und den angeschlossenen Betrieben, sondern auch in den Kornmühlen als Antriebsmittel genutzt.

Die teilweise schon im ausgehenden Mittelalter entstandenen Mühlen verarbeiteten das Korn, welches von 1720 bis nach 1850 aus den Magazinen am Harzrand in den Oberharz transportiert wurde. Als dann die Bevölkerung statt billigem Korn Bargeld erhielt, ging die Zahl der Mühlen stark zurück. Andere Gründe für den Niedergang waren rückläufige Wassermengen und die Konkurrenz auswärtiger Großmühlen, Mitte des 20.Jahrhunderts waren fast alle Mühlen stillgelegt.

Gegen Ende des 19.Jahrhunderts nahm mit den verbesserten Verkehrswegen die Bedeutung der Kornmagazine ab. Die Müller stellten sich auf Motorkraft und später auf Elektroantrieb um. Viele Mühlen wurden nach 1900 nur als Gaststätten und Pensionen weiterbetrieben. Ab 1960 zahlte das sog. Bundesmühlenkontor Abfindungen zur Stilllegung der restlichen Mühlen.

Die Altenauer Mühlen

Die **Obermühle** wurde von der vereinigten Kleinen und Großen Oker, teilweise auch durch das Scheidewasser angetrieben. Sie wurde zuerst 1578 erwähnt, als sie zusammen mit der Untermühle im Besitz von Heinrich Keydel aus Lonau, dann von Jobst Löding stand. Nach kurzer Unterbrechung 1766 durch Natermann aus Zellerfeld blieb die Familie bis 1854 Pächter. Genannt wurden Johann Georg und Johann Friedrich Löding, ihnen folgte 1802 Georg Christian Löding, der von seinem Vater für 3000 Taler Mühle, Haus, Stall und Braurecht erwarb. An Erbpacht mussten jährlich 3 Taler und 28 Groschen gezahlt werden.Der letztgenannte Pächter verschuldete sich und musste 1819 an den wohlhabenden Fleischer Georg Reinhard Tolle für 4450 Taler verkaufen, der beide Mühlen an seinen Schwiegersohn August Löding weitergab. Durch Abholzung war Wassermangel entstanden und die Mühle hatte oft Stillstand. Die Beschwerden August Lödings deswegen wurden jahrelang verschleppt, auch wurde Löding der Bezug von Wasser aus dem Dammgraben abgelehnt.

Der nächste Besitzer wurde 1854 Friedrich Brüggemann, auf Umwegen mit Löding verwandt, als die Witwe des Johann Friedrich Löding den Pastor Brüggemann heiratete. Müller Brüggemann betrieb vier Mahlgänge für Roggen, Weizen und Schrot(zwei für Roggen) und versuchte, Wasser aus einer alten Bergbaurösche (Entwässerungsstollen) zu nutzen. Als weitere Betreiber wurden genannt.um 1900 Schimpf, dann Gustav Dörmann, zuletzt Friedrich Froth ab 1919. 1922 wurde von einer Überschwemmung durch die Überstauung eines Wehrs berichtet. Das Inventar war 1978 noch vorhanden. Unterdessen befindet sich hier ein Hotel mit Gaststätte.

Erbauer der **Untermühle** an der Rotenbeek war 1621 der Landdrost Dietrich v. Behr aus Stellichte bei Walsrode. Sie gehörte um 1700 mit der Obermühle dem Fabrikinspektor Keydel und ging dann durch Frau v. Bülzingslöwen geb. Keydel an den Schulzen Mönnich aus Wulften über. Nachfolger wurden 1764 Kantor Böbert und 1766 Natermann in Zellerfeld, der mehrere Mühlen besaß. Ab 1766 betrieb über lange Jahre Johann Wilhelm Dannenbaum die Mühle, ihm folgte bis 1803 Johann Carl Löding, der auch die Obermühle betrieb. Außer Korn wurden hier auch Ölfrüchte gemahlen. Lödings Nachfolger wurde Johann Gottfried Brüggemann. Weitere Daten sind unbekannt. Das Gebäude dient heute als Wohnhaus.

Die Clausthaler Mühlen

Die Windmühle auf der Bremer Höhe

Die erste Mühle war hier eine Bockwindmühle, die schon 1660 auf einem bekannten Stich von *Merian* abgebildet ist. 1692 beantragte der Hüttenreiter Rühling einen Neubau; er wurde aber abgewiesen und behalf sich mit Reparaturen. 1713 warf ein Sturm die Mühle um, die jetzt dem Apotheker Herstelle gehörte. 1730-1735 wurde sie von Justus Lindener betrieben, der 115 Taler Pacht bezahlte. Lindener verkaufte für 2500 Taler an Johann Volck, des bis 1741 pachtete. Es folgten 17427-1745 August Gärtner, 1745-1748 Zimmermeister Johann Jeremias Müller, 1748-1756 Heinrich Iden und ab 1756 Johann Lange. Weil die Mühle nur notdürftigen Unterhalt bot, musste die Clausthaler Kämmerei mit ihrer Pachtforderung heruntergehen. Außerdem fielen von 1739 bis 1752 an Reparaturkosten 2140 Taler an, was die Müller zu kurzen Pachtzeiten veranlasste. Die weiteren Pächter waren: 1756-1759 Christian Wolf, 1759-1765 Johann Weibgen, 1765-1767 Philipp Engelhardt, 1767-

1770 Andreas Hill. Als letzter Müller wurde 1840 und 1864 Friedrich Bosse genannt.Er versuchte vergeblich einen Spitz- und Weizenmahlgang anzulegen.

Bald darauf begann der Verfall, der 1910 stark fortgeschritten war. Die Stadt Clausthal hatte kein Geld zur Erhaltung und wollte die Mühle abreißen, der Landkreis wollte sie dagegen erhalten. Die Sache ging bis vor das zuständige Ministerium in Berlin, aber am Ende wurde dann 1916 doch abgerissen,

Die Pixhaier Mühle

Die Stadt Clausthal genehmigte 1551 die Anlegung. Die nächste Erwähnung geschah 1581, als die Mühle „am vorderen Schwarzenbach" an Jobst Tolle zu Lehen gegeben wurde. *Kleeberg* nennt 1638 als Besitzer Christian Litius. Kurz vor 1740 waren Clausthaler Stadtrichter und Ratsherren die Besitzer, 1740 kaufte dann der Bergfiskus die Mühle an. Die Betreiber der Mühle durften Wasser aus der Innerste ableiten, aber nur so viel, dass der Bergbau nicht geschädigt wurde. Dies galt aber nur für die ersten drei Jahre. Ab 1672 bezog die Mühle ihr Wasser über einen 750 m langen Graben aus dem neu erbauten Mühlenteich, essen Volumen 288 000 cbm betrug und dessen Dammkrone 8,75 m hoch war. Die Besitzer bzw. Pächter hatten das Recht, 10 Stück Vieh zu halten. 1765-1768 wurde die Mühle von August Jürges betrieben, ab 1810 kam sie in Pacht der Müllerfamilie Rohrmann, dann ab 1872 in deren Privatbesitz. Friedrich Rohrmann ließ 1913 eine Turbine einbauen, die ihr Wasser aus dem Mühlenteich und dem Schwarzenbacher Teich sowie über Wasserläufe aus dem Ziegenberger und Bärenbrucher Teich erhielten. Die Witwe Marie Rohrmann führte den Betrieb bis 1927, danach wurden die Gebäude bis heute als Hotel und Gaststätte genutzt, unterbrochen durch die Kriegsjahre 1939-1945 und danach, als hier Flüchtlinge wohnten.

Die Flambacher Mühle

Sie wurde um 1619 erbaut und hieß zu dieser Zeit „Mühle an der Fladenbeeke". Sie gehörte 1624 dem Ratsherrn und Schichtmeister Jobst Tolle, nach 1700 seinem Nachkommen gleichen Namens, der als „Silberbrenner" bezeichnet wurde. Ihm folgte Heinrich Georg Litius.

Kleeberg erwähnt 1737 Bernsbach als Müller, dann bis 1790 Ernst Rohrmann. 1822-1840 betrieb Karl Lutter die Mühle. Er legte ein oberschlächtiges Wasserrad mit 16 Fuß Durchmesser an und bezog Wasser aus dem Ziegenberger Bärenbrucher und dem Pixhaier Teich. Um 1864 pachtete und zahlte Eduard Schmidt jährlich 125 Taler Pacht.

Um 1866 wurde ein Schneefuß als Pächter genannt. Letzte Müller waren um 1910 Heinrich Richter und danach Wilhelm Oppermann, der 1936 Schrot erzeugte und Wasser aus den beiden Flambacher Teichen und dem Semmelwieser Teich bezog. Seit vielen Jahren dienen die Gebäude als Erholungsheim

Die Frankenscharrner Mühle

Zuerst wurde sie 1554 erwähnt, als sie zur Zeit des Grubenhagener Herzogs Wolfgang erbaut wurde und einige Privilegien bekam Sie lag an der Innerste oberhalb von Silbernaal im Hüttengebiet. 1713 wirkte hier Heinrich Christoph Meyer als Müller.Er beklagte sich, dass Hüttenleute Schlacke in seinen Graben gestürzt und damit seine Mühle außer Betrieb gesetzt hatten. 1732 kaufte Forstinspektor Schäffer die Mühle für 5700 Taler von einem Herren v. Bühlau. 1740 waren als Müller Johann Ahrens und nach ihm ein Siebrecht bekannt.

1812 meldete Müller Haberland Konkurs an und 1858 beantragte der Müller August Löwe die Anlegung einer „Getreidequetschmaschine", was ihm aber verweigert wurde. Ausschlaggebend war der Einspruch der benachbarten Mülle, die den Bedarf für eine derartige Maschine bestritten, aber nach der Ablehnung dafür waren. Ab 1864 war die Mühle an Carl Lutter verpachtet, der dafür 350 Taler an die Clausthaler Waisenhauskasse zahlte.

Die Neue Mühle

Nachdem die Alte oder Heidemann'sche Mühle wegen der Anlegung eines Pochwerkes abgebrochen worden war, erbaute die Stadt Clausthal die Neue Mühle (Neue Ratsmühle) an der oberen Innerste. Die Mühle hatte drei Mahlgänge und wurde bis 1698 an Berendt Erhard verpachtet. Genannt wurden dann vor 1747 Valentin Weibgen für 240 Taler pro Jahr.

Weibgen hatte lange Ausfallzeiten ebenso wie sein Nachfolger Christoph Mollenhauer, der wenigstens Pachtnachlaß erhielt Mollenhauer hatte 1762 die Pacht angetreten und als Kaution Kuxe der Gruben Dorothea und Lautenthals Glück eingebracht, die zu dieser Zeit in guter Ausbeute standen. Als 1783 der neue

Stollen am Hahnebalz eröffnet wurde, entzog man der Mühle erhebliche Wassermengen. Es folgte der Müller Georg Christoph Weibgen für die Jahre bis 1789 mit Ausnahme von 1770-1771, als August Jürgens der Betreiber war. 1789-1792 wurden Johann Christian Weibgen und 1792-1794 nochmals sein Vater Georg Christoph genannt. Ab 1794 zahlte Müller Georg Heinrich Kettig jährlich 295 Taler an Erbenzins.

In der napoleonisch-westfälischen Zeit waren Zwangsanleihen und Reparaturen fällig. Kettig geriet in Zahlungsrückstand, zumal noch die Hälfte des Malzschrotens an die Frankenscharrner Mühle ging. Kettig bat wegen des Wassermangels um Verlegung der Mühle zu einem Standort unterhalb von Silbernaal, erhielt aber einen ablehnenden Bescheid. Er betrieb dann einen Ausschank mit Kegelbahn, aber 1840 wurde ihm die Erlaubnis dazu entzogen. 1841 war Kettig dann gezwungen, die Mühle für 7000 Taler an die Witwe Rohrmann zu verkaufen, die wiederum ihren Sohn Karl Rohrmann einsetzte. Dieser lieferte noch 1843 als Wasserzins an die Kämmereikasse zu Weihnachten drei Mastschweine und drei „Köpfe“ Weizenmehl. Als letzter Müller wurden Friedrich Klaproth und Karl Wilhelms notiert. Nach der Stilllegung 1905 wurden die Gebäude als Farbenwerk und danach als Gaststätte genutzt.

Die Grundner Mühlen

Die Grundner Obermühle

Ihre erste schriftliche Erwähnung stammt von 1657. Die Mühle wurde von dem Wasser des 1528 aufgefahrenen Magdeburger Stollens angetrieben, ebenso wie die unter ihr liegende Mittelmühle. Vor 1717 stand sie im Besitz des Gittelder Faktors und Grunder Richters Heinrich Reinewald, dem auch noch die Mittelmühle und die Wiesenmühle gehörten.

Über Reinewalds Tochter Anna Margaretha kam die Mühle an Heinrich Brinkmeyer und ab 1770 an Andreas Münder. Sein Nachfolger Thomas erhielt 1828 die Genehmigung, unterhalb seiner Mahlmühle eine Ölmühle anzulegen. Wegen des größeren Gefälles übersiedelte die Mahlmühle an diesen Platz. Außer des Erbenzinses wurden 18 Groschen Wasserzins gezahlt, der damals in Naturalien in Form von drei Hähnen geleistet wurde.

Weitere Müller waren ab 1843 Georg Eckert, dann ein Oppermann, ab 1880 Philipp Heinemann. 1913 hatten Heinemann und Mittelmüller Kempe gemeinsam unerlaubt den Graben zwischen beiden Mühlen verrohrt. Es kam dann wegen Undichtigkeiten zu Streit mit den Nachbarn. Im gleichen Jahr beanspruchte die Stadt Grund das Wasser des Magdeburger Stollens für sich. Beim Prozeß musste die Stadt nachgeben und senkte den jährlichen Wasserzins auf 5 Mark. Ab 1914 mahlten noch Karl Heinemann und zuletzt Karlheinz Heinemann bis zur Stilllegung im Jahr 1960.

Die Grundner Mittelmühle

Wie bei der Obermühle war Faktor Reinewald erster Besitzer. Die Mühle kam über Heinrich Brinkmeyer 1743 an Georg Steltzner für 2500 Taler. Über Steltzners Tochter Sophie erhielt die Mühle 1787 Friedrich Bergener, der 1828 und 1838 einen Ölgang beantragte, was aber auf Betreiben der benachbarten Müller verweigert wurde. Steltzner wurde zwar 1842 ein Weizengang genehmigt, er gab aber 1843 auf und verkaufte für 6000 Taler an August Lehmann von der Laubhütter Mühle. Lehmann betrieb nun je einen Mahlgang für Roggen, Weizen, Graupen und Öl. 1863 übernahm Hermann Lohmann die Mittelmühle und wagte es 1875 sogar, gegen Wasserentzug durch das Bergamt anzugehen und eine hohe Abfindung zu erstreiten. 1917 ließ Müller Kempe eine Wasserturbine einbauen. 1926 kaufte die Frau des Müllers Alwin Schrader die Mühle von den Erben des Kempe. In dessen Betriebszeit ein verheerender Brand, der Mühle und Wohnhaus zerstörte. Letzte Betreiber waren 1930-1952 Vater und Sohn Ludwig Frommann. Die Anlagen wurde 1948-1952 elektrisch angetrieben.

Die Wiesenmühle (Untermühle)

Die in der Nähe des ehemaligen Bahnhofs von Bad Grund gelegene Mühle nahm 1550 ihren Anfang, als sie Andreas Schramm verliehen wurde. Über Jahre befand sie sich mit der Ober- und Mittelmühle im Besitz von Faktor Reinewald und ging 1717 an dessen Tochter Anna Katharina über. 1767 kam die Mühle von David Warnecke an Johann Rohrmann. 1 828 und 1843 wurde als Betreiber Leonhard Henkel genannt. Die Betriebszeit eines Müllers Beckmann danach konnte nicht belegt werden *Ahrend* leitete dessen Namen aus der Bezeichnung einer nahe liegenden Quelle ab.

Dann ist noch bekannt, dass die benachbarten Müller 1853 gegen den Wiesenmüller protestierten, der unerlaubt einen Weizenmahlgang angelegt haben sollte. Im gleichen Jahr beantragte Kempe die Anlage eines neuen Wasserrades. Die Berghauptmannschaft wusste anscheinend nicht, wie sie sich verhalten sollte, denn sie gab erst die Genehmigung und widerrief diese im folgenden Jahr. Die Wiesenmühle stand oft wegen Wassermangel still ;ihr Betriebsende mag um 1950 gewesen sein.

Die Waldmühle im Ortsteil Laubhütte

Ursprünglich gehörte diese Mühle nicht zu den Mühlen der Stadt Grund, sondern zu dem braunschweigischen Amt Stauffenburg. Sie wurde zuerst 1384 urkundlich erwähnt. 1617 meldete der Müller Roth, dass der nahe Hüttenbetrieb seine Wiese ruiniert hatte und bat Herzog Friedrich Ulrich von Braunschweig-Wolfenbüttel um Schadensersatz. 1754 war die Waldmühle im Besitz von Johann Andreas Lohmann, 1843 von Ernst Lohmann. Lange Zeit nur als Ölmühle betrieben, wurde hier im 19.Jahrhundert in drei Mahlgängen Korn gemahlen. Nach der Familie Lohmann folgte bis 1898 Wilhelm Mull sen. Bis 1914 dienten zwei kleine Wasserräder als Antrieb, danach ein großes Wasserrad mit 5,85 m Durchmesser.

Nach dem Tode des Mull ließ seine Witwe nach einem schweren Brandschaden eine Erneuerung für 5800 Mark durchführen. Nachfolger wurde 1925 Wilhelm Mull jun., der außer Mehl noch Kleie und Kleistermehl herstellte.

Letzter Müller war dann von 1949 bis 1961 Mulls Schwiegersohn Hans Lange. Ebenso wie schon im 19.Jahrhunderte ist heute der Mühle eine Gastwirtschaft angeschlossen, deren Besitzer das Mühleninventar in gutem Zustand erhält.

Die Lautenthaler Mühlen

Die Obermühle

Diese Mühle befand sich zuerst am Ausgang des Hüttschentals und stand zumeist in Besitz der Stadt Lautenthal. Sie bestand entgegen der jetzigen Annahme schon 1711, als der dortige Müller wegen illegalem Kornkauf verwarnt wurde. Diese Praxis setzte der Müller Hans Adam 1736 fort, ebenso Müller Holland 1749, nachdem

Forstinspektor Schäffer 1740 eine neue Mühle erbaut hatte. 1752 kaufte die Stadt die Mühle und verpachtete sie weiter, so 1776 an einen Rohrmann, der auch unerlaubt gekauftes Korn verarbeitete und dafür auf Betreiben seines Konkurrenten Niebecker bestraft wurde. Sein Nachfolger Palandt musste 1794 mit Verlust aufgeben; dessen Nachpächter Rodewell ging es nicht besser, als 1795 die Mühle wegen Frost elf Wochen stillstand. Die Mühle wurde zwar noch 1798 an den Wolfshagener Köhlermeister Werner für 500 Taler verkauft, aber schon im gleichen Jahr wegen Unrentabilität abgerissen. Die Berechnungen hatte ergeben, dass ein Neubau günstiger wirtschaften könne und dieser Neubau geschah dann auch im Stadtgebiet an der oberen Laute.

Hier pachteten zuerst 1803 Johann Lüders und 1820 Georg Demuth für 259 Taler zuzüglich 18 Taler „Schweinegeld“ (Wasserzins). Eine Erneuerung 1822 durch den Maschinendirektor Mühlenpfordt für 525 Taler, zumeist für ein neues Gefluder, wurde bald wieder hinfällig, als das durchgehende Mühlenzeug das Gebäude gehörig erschütterte. 1826 pachtete Heinrich Tolle für 220 Taler, 1833 war dann Wilhelm Hirsch tätig, der aber nicht Korn mahlte, sondern eine Papiermühle betrieb. Nach einem Brand 1846 wurde der Neubau zur Elektrizitätserzeugung verwendet.

Die Untermühle

Die Mühle wurde 1677 von Richter Anton Niebecker auf Kosten der Stadt erbaut und wurde 1695-1700 von Gregor Sander betrieben, einem Schwiegersohn Niedeckers. Nach Erbstreit ging die Mühle an Georg Zacharias Niebecker, nach einem weiteren Prozeß am Reichskammergericht an den Major Benedikt Niebecker in Eisenach.

Kurz nach 1700 wurde ein Pächter Christoph Barten genannt, der einen Ölgang betrieb. 1782 kaufte die Stadt die Untermühle und auch die Hüttschentaler Mühle. Man schätzte den wöchentlichen Umsatz der Ober- und Untermühle auf 300 Himten Roggen und 40 Himten Weizen (1 Himten = 20 kg), den jährlichen Gewinn auf 800 Taler. Die Stadt zahlte als Wasserzins an das Bergamt den „Hahnenzins“, der aus drei Hähnen und sechs feisten Gänsen bestand.

In kurzen Abständen traten als Pächter auf: 1804 Wenzel, 1806 Heinrich Gott und ein Pfannenschmidt, der 1808 in Konkurs geriet, sowie Georg Mahn und ab 1826 Wilhelm Hirsch. Wegen der schlechten Wirtschaftslage, auch wegen Reparaturen musste die Stadt die Pachtsumme zeitweise von 515 auf 216 Taler senken. 1826 wurde bei der Licitation (Ausschreibung) Wilhelm Hirsch für 285 Taler Pacht angenommen, der die Mühle bis 1854 behielt.Er konnte die wieder bis auf 570 Taler gestiegene Pacht leicht bezahlen, verdiente er doch sein Geld meist mit Kornhandel. Auf Hirsch folgte ein Gerber, der zwei Roggengänge und je einen Weizen- und Graupengang betrieb. 1896 verkaufte die Stadt die Mühle für 31 500 Mark. Um 1910 war Adolf Aschentropp als Besitzer genannt:, um 1917 Heinrich Jenkel, der zwei Walzenstühle einbaute. Als letzte Besitzer nennt Kleeberg Hermann Born und Josef Bulla. Der Zeitpunkt der Stilllegung ist unbekannt. 1976 brannte das Gebäude ab.

St. Andreasberger Mühlen

Die Obermühle

Um 1700 gehörte die Mühle im oberen Sperrental dem Ratsherrn Schmid und war an Christian Otto verpachtet, der als grober Klotz verschrien war. Otto pachtete für jährlich 200 Taler bis 1726, danach standen Johann Christoph Warnecke bis 1746, dann dessen Sohn Johann David bis 1784, dann wieder dessen Sohn Johann Heinrich im Pachtverhältnis zur Stadt. In dieser Zeit wurde 1748 von einer starken „Trocknis“ berichtet, weswegen man Pferde zum Antrieb mieten musste. Es wurde hier viel Malz für die städtische Brauerei geschrotet.

1759 gab die Stadt eine Mühlenordnung heraus, worin u.a. Strafen bei falschem Wiegen angedroht und die Mahlmetze auf einen Groschen pro Scheffel (ca. 40 kg) festgelegt wurde.

1796 schrieb man die Mühle mit Wohnhaus Stall, Scheune und Wiesen trotz Schäden neu aus. Neuer Pächter wurde Heinrich Haberland aus Harzburg, der aber schon 1803 für 3000 Taler an David Holland verkaufte. 1805 starb Holland stark verschuldet. Seine Witwe heiratete Johann Lanzendorf, der weiter mahlte; danach wurden 1808 Binnewies und 1826 Franz als Müller genannt. Ab 1841 übernahm Heinrich Rohrmann, 1843 sein Sohn Carl Rohrmann die Obermühle. 1848 wurde die Mühle an Carl Siebrecht vergeben, der 340 Taler Erbenzins zahlte und zwei Roggengänge und einen Weizengang betrieb. Als letzte Meldung erschien 1854 der Verkauf der Mühle für 6100 Taler.

Die Untermühle

Das Wasser des bis 1693 im Bau stehende Grünhirschler Stollens trieb dies Mühle an, die aber schon 1656 als im Besitz des Pastors Otten stehend genannt wurde. Ein Neubau wegen Verfalls war 1709 für 352 Taler fällig, ein neues Radgebäude 1725. 1714-1738 war hier David Apel Pächter und zahlte im Jahr 145 Taler an die Stadt, dann bis 1741 Apels Sohn Johann Heinrich. Von 1693 bis 1741 wurden nur 586 Taler Gewinn erzielt, was unwahrscheinlich ist. 1739 verwendete man Teile der abgerissenen Steinrenner Mühle als dritten Mahlgang.

Auf Apel folgte Theodor Kaufmann für drei Jahre, der nebenher Viehzucht und Schweinemast betrieb. Sein Sohn Georg wirkte 1744-1759 auf der Untermühle, wohnte aber in Braunlage und kümmerte sich mehr um seinen Pferdehandel. Dessen Sohn Thomas Kaufmann folgte ihm bis 1762 und zahlte jährlich 270 Taler Pacht. Danach wurden als Pächter 1762-1772 Johann Haase und Johann Klaproth bis 1810 genannt. Klaproth hatte zeitweilig auch die Obermühle gepachtet. In beiden Mühlen verarbeitete man 1807 2940 Malter Korn (7,06 t), was 701 Taler Gewinn brachte. 1829 wurde ein Pächter Müller genannt, der aber nur Graupen und Öl erzeugen durfte. 1843 verkaufte die Stadt die Mühle für 5000 Taler an Wilhelm Mackensen, der zwei Roggengänge und einen Weizengang betrieb.

Sein Nachfolger Gödecke beantragte, Graupen und Sägespäne zu mahlen. Sein Antrag wurde vom Amt Zellerfeld lange verschleppt, bis er dann auf Druck der Berghauptmannschaft genehmigt wurde. Um 1908 wurde der Mahlbetrieb eingestellt. Letzte Besitzer waren die Gebrüder Bartels in Northeim, letzter Müller ein Bendig.

Die Steinrenner Mühle

Im oberen Siebertal bestand südlich des Zuflusses des Dreibrodebachs (auch Steinrenne) diese Mühle nur für die kurze Zeit von 1692 bis 1743. Der lange Anfahrtsweg im Siebertal erschwerte den Betrieb ungemein, was dann zur Aufgabe führte. Als Müller wurde hier 1738 Thomas Kaufmann gemeldet.

Die Mühle in Wildemann

Die historischen Nachrichten belegen, dass man zur Zeit des Herzogs Julius im April 1571 begonnen hatte, „an der Inderste eine molle mitt zwo Grindeln zu bawen“

(Grindel = Radkammer). Aber schon im November des gleichen Jahres bat die Gemeinde und „Knabschafft aufm Wildemann“ den Herzog, ihnen die Mühle abzukaufen und sie zu betreiben. Die Teuerung hätte bewirkt, dass sich die Bergleute nicht ernähren könnten und der Bergbau leide.

1573 war eine Reparatur fällig: „Das gezeugk an dem Wasserrahd soll gehorig gehenget werden“, was dann 100 Taler kostete. Der angenommene Müller hatte im Jahr 72 Taler Pacht zu zahlen. Man benutzte den zuvor erbauten Lautenthaler Kunstgraben zum Antrieb.

Kurz vor 1600 waren Heinrich Roth und Pascha Borggrefe die ersten Müller. Ab 1822 begann der Pächter Tolle mit dem Plan, das Wasser des 13 Lachter-Stollens mittels eines Gerennes über die Innerste der Mühle zuzuführen. Dieses Projekt wurde erst nach Prüfung durch die Maschinendirektoren Mühlenpfordt und Jordan 1842 verwirklicht, als der Müller Demuth hier bis 1854 arbeitete. Nachfolger wurde ein Lutter, der 1879 in Konkurs geriet. Als letzter Müller war Albert Haupt, der schon 1889 auf Stromerzeugung umstellte. Nach dem Brand von 1929 wurde die Mühle zur Gastwirtschaft umfunktioniert.

Abbildung 25: Eulenspiegler Mühle

Die Eulenspiegler Mühle

Laut *Kleeberg* war hier vor 1664 ein Pochwerk der Grube „Himmelfahrt Christi“ in Betrieb. Von 1722 bis 1795 waren Johann Adam Natermann sen. und jun. Pächter. 1793 konnte der Junior den „Canon“ (Abgabe) nicht bezahlen, Es folgten ab 1803 Heinrich Natermann, 1822-1864 Bergener und 1864-1879 Conrad Gödeke. Weitere Zeugnisse bis zur Stilllegung 1955 sind nicht bekannt. Danach nutzte man die Gebäude als Schulheim und Wohnhaus.

Die Zellerfelder Mühlen

Die Brinkmühle

Als oberste Mühle im Spiegeltal wurde die Brinkmühle von den beiden „Germannsteichen“ (vor 1673) und dem Brinkmühlenteich unter dem Stadtweger Teich (1786) mit zusammen 22 400 cbm Inhalt gespeist. An Betreibern wurden genannt: um 1756 ein Steltzner, 1770-1805 Friedrich Drechsler, um 1808 ein Kaufmann. Ihnen folgte Wilhelm Klöster, dessen Vorhaben, einen zweiten Mahlgang anzulegen, von den benachbarten Müllern blockiert wurde.

Ab 1836 übernahm eine Witwe Tolle die Mühle mit nur einem Mahlgang, aber mit 39 Morgen Wiese und dem Recht auf Haltung von 28 Stück Vieh. 1848 ging die Mühle an den Stiefsohn für 4900 Taler und Übernahme der aufgelaufenen Schulden. Nach einem verheerenden Brand im Jahre 1878 wurde nicht wieder aufgebaut.

Die Wegesmühle

1543 hieß die erste Mühle noch Furbachsmühle. Ihr Wasser erhielt sie über einen 150 m langen Graben aus den beiden Kellerhalsteichen. 1676-1739 stand sie in Besitz der Zellerfelder Ratszimmermeister Natermann und 1756 von Dappe. Als 1761 alle Mühlen von dem Forstinspektor Heinzmann kontrolliert wurden, zeigte sich Natermann widerspenstig und musste mit Gewalt gezwungen werden, seine Vorräte zu zeigen.

Ab 1761 mahlte hier ein gewisser Hille um 1771 Fischer und 1777 Brackelbusch. 1790 wurde Georg Rohrmann Müller und zog unerlaubt Wasser aus dem Buschessegener Graben. Er besaß zu dieser Zeit auch die Untermühle im Spiegeltal und stritt sich mit dem Mittelmüller – auch einem Rohrmann-um die Aufräumung des gemeinsamen Grabens. Es folgten dann bis kurz vor 1900 weitere Mitglieder der Familie Rohrmann. Ab dieser Zeit war das Gebäude Pension und Gaststätte, heute Privathaus.

Abbildung 26: Wegesmühle

Die Mittelmühle

Als erster Müller wirkte hier 1698 Andreas Bührig, Besitzer war aber der Amtmann Just v. Windheim, danach der Herzberger Amtmann Wackerhagen. 1740 wurde dem Müller Philipp Dettmar der Kornhandel verboten, ebenso den Bäckern und Korntreibern. An weiteren Müllern wurden genannt: 1756 Volck, 1760 Ludwigs, 1764 Johann Löding, 1769 Schmalstieg, ab 1782 Georg Rohrmann für 220 Taler Pachtsumme. Dann kamen um 1804 ein Wenzel und um 1840 ein Wimmer. Bis 1900 war die Mühle im Besitz der Familie Tolle, wurde dann aufgegeben und seitdem als Pension und Gaststätte verwendet.

Abbildung 27: Mittelmühle

Die Untermühle

Diese Mühle wurde aus einem Teich mit nur 5000 cbm Inhalt versorgt. *Plaumann* gibt den Beginn der Mühlentätigkeit mit vor 1666 an und einen Verkauf in diesem Jahr an Barbara Illing, die dann alle vier Spiegeltaler Mühlen besaß. 1685 wurde Dorothea v. Wehnde Eignerin. An Müllern wurden genannt: 1756 Löding, 1763 Volck (für 190 Taler Pacht), 1779 Johann Friedrich Drechsler, 1800 Wenzel. Danach kamen 1804-1814 Tolle, 1815-1860 Johann Martin und Wilhelm Strodt. Von 1852 bis heute verblieb die Untermühle in Eigentum der Familie Tolle, bis 1890 von Carl Tolle. Ebenso wie die benachbarten Mühlen wurde hieraus ein Kurhaus mit Restaurant.

Literatur und Quellen

F. Ahrend: In einem kühlen Grunde, in: „Der Oberharzer" (31.8. 1978)

H. Dennert: Kleine Chronik der Oberharzer Bergstädte (1993)

G. Gebhardt: Zur Geschichte der Kornmühlen der oberharzer Bergstädte, in: Unser Harz, H.8 u.9 (2002)

H. Haase: Kunstbauten alter Wasserwirtschaft im Oberharz (1985)

W. Hildebrandt: Die Pixhaier Mühle 120 Jahre im Besitz der Familie Rohrmann,(1994 in Allgemeiner Harz-Bergkalender)

H. Lücke: Die Brinkmühle bei Zellerfeld (1957 in: Allgemeiner Harz-Bergkalender)

H. Morich: Chronik der Bergstadt Clausthal-Zellerfeld (1939)

J. Plaumann: Die Untermühle im Spiegeltal (2002 in: Allgemeiner Harz-Bergkalender)

H. Sandfuchs: Chronik der Bergstadt Lautenthal (1914)

H. Schröpfer: Fundgrube (2002)

Akten des Niedersächsischen Hauptstaatsarchivs Hannover (Bestände Cal.Br.4 Hann.74 Zellerfeld, Hann.84a, Hann. 174 Zellerfeld)

Akten des Landesbergarchivs Clausthal-Zellerfeld (Fach 1188 und 1190, Historische Nachrichten Fach 1a,3a,5a,6a)

Dankenswerte Auskünfte der Herren W. Rögener und Dieckmann, Bad Grund

17 Über die Torfgräberei im Oberharz 1571-1970

Die Moore des Oberharzes entstanden im Verlauf von 10 000 Jahren. Den Untersuchungen von *Jensen* (1987) und *Beug* (1990) zufolge bestehen z.Z. noch 54 Vermoorungen mit einer freien Fläche von ca. 500 Hektar, dazu können noch 937 Hektar unter Fichtenbeständen gezählt werden. Die Mächtigkeit des Torfes reicht von 0,5 bis max. 7,5 m Höhe.

Seit Ende des 16.Jahrhunderts wurde bis 1970 Torfabbau betrieben, unterbrochen durch Zeiten des Stillstands. Besonders aktiv war der Abbau in der Zeit von 1816 bis 1865. Hier bewahrte er den heranwachsenden Waldbestand vor dem Aushieb. Der Einsatz von Steinkohle stoppte den Torfabbau und die intensive Waldnutzung. Heute sind die Moore dem Naturschutz unterstellt. Die Gesellschaft ist aufgefordert, die Pflanzen- und Tierwelt der Harzer Moores verantwortungsvoll zu erhalten.

Der zeitliche Verlauf der Torfgewinnung ist in vier Zeitabschnitte einteilbar: von 1571 bis 1573, von 1714 bis 1787, von 1816 bis 1866 und von 1919 bis 1970.

Torfabbau unter Herzog Julius von Braunschweig-Wolfenbüttel 1571-1573

Die Bemühungen des Herzogs, die Rohstoffe des Harzes zu erschließen, fanden Ausdruck im Ausbau der Flößerei. 1571 wurde die Radau flößbar gemacht, 1572 sandte Herzog Julius „Werner Classen seine Niederländer“ in das Rote Bruch (heute Radauerborn-Moor). 1573 wurde noch vom Torfstich am Schubenstein berichtet und es sollen auch Holzflöße mit Torfladung die Radau hinab gefahren sein. Nachdem die Leipziger Großkaufleute Schellhammer und Kramer dem Herzog wegen der schlechten Transportwege abrieten, wurde der Torfstich eingestellt

Abbildung 28: Radauerborn-Moor

Torfabbau in der Zeit von 1714 bis 1787

Um **Torfhaus** erfolgte Torfstich von 1714 bis 1735. Auf Veranlassung des Berghauptmanns v. d. Bussche begann man 1714 an den Lerchenköpfen mit dem Torfstechen. Drei Torfstecher Wichmann, Delling und Nie) waren dafür aus Westfalen angeworben worden.

Getrocknet wurde in einem Schuppen von 100 Fuß Länge und 36 Fuß Breite 1717 kam ein zweiter Schuppen hinzu. Der Torfstich war 1715 an den Oberforstmeister v. Rochow verpachtet, ab 1717 an den Forstgegenreuter Mylius. Festgelegte Mengen Torf gingen an die Schulenberger Hütte und die Frau-Marien-Saigerhütte(Oker), so 1723 = 458 und 1725 = 391 Karren. Dafür erlöste man pro Karre 13 Groschen für je 600 Soden Torf. Man benutzte einachsige Karren mit 2,5 cbm Inhalt, die sonst dem Transport von Holzkohle dienten.

Erster Aufseher über den Torfstich war Adam Hoppstock, der in seinem Hause auch Lebensmittel, Bier und Wein verkaufen durfte.

Sein Nachfolger wurde der später als Reisegenosse Goethes bekannte „gehende Förster“ Degen. Das Torfaufseherhaus wurde die Keimzelle der späteren Siedlung Torfhaus.

Um Schierke begann 1831 der Torfabbau in den Brockenmooren (Brockenbett, Ahrensklint, Königsberg und Heinrichshöhe). Man gewann hier jährlich um 120 000 Soden. Bergrat Jacob Bierbrauer ließ in dem nach ihm benannten „Jacobsbruch“ um die 50 000 Soden pro Jahr stechen Er erbaute als Unterkunft das „Jacobshaus“, in dem später eine Glashütte betrieben wurde.

1743 entstanden auf der Heinrichshöhe drei Trockenhäuser und ein Unterkunftshaus für Torfstecher. Als Aufseher wurde Johann Mahrholz genannt. Eines der Trockenhäuser wurde 1758 durch Sturm zerstört, die restlichen Gebäude wurden nach Einstellung des Betriebes 1787 abgerissen.

Die Torflieferungen gingen 1735 an die Ilsenburger Eisenhütte, an der vier Verkokungsöfen bestanden. Initiator dieser Technik War der bekannte Freiherr Johann Georg v. Langen, dessen Arbeit durch v. Zanthier fortgesetzt wurde. Sein Werk am Königsberg bestand aus Trockenhäusern für 70 000 Soden mit 150 Fuß Länge und fünf Etagen, dazu einer Batterie von 30 gußeisernen Öfen, die auf Sockeln aus „Bernstein“ (Brennstein = Ziegelstein) ruhten.

Zückert berichtete 1762 darüber: „Jeder Ofen besteht aus drei Zylindern von vier Fuß Höhe und drei Fuß lichter Weite. Man beschickt lagenweise mit Torf und dichtet nach Verschließen der Tür alle Öffnungen mit Lehm ab. Durch brennende Steine (Kohle!) wird unterhalb des ersten Zylinders gezündet, dann 24 Stunden gegart. Aus einer Füllung mit 4000 Stück Torf gewinnt man ein Fuder „Coaks“ (934 hl). Das Wichtigste der als geheim bezeichneten Anlage scheint aus den veränderbaren Rosten zu bestehen. Die gesamten Kosten eines Brandes kommen auf 3 Taler und 12 Groschen Die Herstellung der 30 Retorten war sehr kostbar (teuer), nämlich 3840 Taler.“ Der Torfbetrieb im Gebiet um Schierke endete 1787.

Angeregt durch das Buch von Carlowitz „Sylvi cultura oeconomica“ begann 1713 im **Roten Bruch** (nördlich von Braunlage) an der Westseite der Warmen Bode der Torfstich. Bis 1722 verliefen hier auch Verkohlungsversuche unter der Regie Johann Georg v. Langens, deren Produkte in der Braunlager Eisenhütte eingesetzt wurden. Nach einer Pause bis 1744 wurden Torfstich und Verkohlungsversuche fortgesetzt. Man errichtete Trockenhäuser und zwei Verkohlungsöfen, die in der Rübeländer Eisenhütte hergestellt worden waren. Die erzeugte Torfkohle probierte man in der Tanner Hütte und bei den Braunlager Hammerschmieden aus (nachdem zuvor die Braunlager Eisenhütte eingegangen war). 1752 erfolgte die Einstellung des Torfbetriebes, zusammen mit der Stilllegung der Braunlager Gruben Ludwig Rudolph und Christine Louise.

1749 ergaben Versuche am **Bruchberg, Bärenbruch und am Acker**, dass man ohne Trockenanlagen nicht auskommen würde. Dies führte dann 1751 zum Bau eines Trockenhauses am Sperberhai durch den Lerbacher Zimmermeister Müller. Das Gebäude wurde 36 Fuß lang, 24 Fuß breit und kostete 58 Taler und 11 Groschen. Zimmermeister Müller wurde zum Brocken gesandt, um die dortigen Trockenhäuser zu besichtigen. Danach entstand ein weiteres Trockenhaus für 120 000 Soden mit den Maßen 40 x 24 x 8 Fuß. Am Bruchberg stachen Heinrich Habig und 6-8 Helfer mehrmals Torf, zusammen 38 000 Soden für einen

Tagelohn von 7 Groschen pro Mann. In Meilern innerhalb eines Trockenhauses verkohlte man den Torf und erprobte die Torfkohle bei verschiedenen Schmieden, u.a.in Spötters Bergschmiede, vermutlich in Altenau. Der Betrieb dauerte bis 1756.

Die starken Windbrüche um 1800 und die Borkenkäferplage („Trocknis") erhöhten zwar den Holzanfall kurzzeitig, aber danach trat Holzmangel ein. Ab 1816 begann man, Torf für die Versorgung der Hüttenwerke heranzuziehen. Besonders aktiv war der Zellerfelder Oberförster Meyer, der nachdrücklich die Nutzung der „Torfmöre" vertrat.

Bereich **Bruchberg** 1816-1819. Man ermittelte zwar 140 ha geeignete Moorfläche, aber wegen des Transportweges kamen nur die Moore an Bruchberg, Stieglitzecke und Hühnerbrühe (südwestlich des Oderteichs) in Frage. 1817 ergaben Versuche an der Altenauer Hütte, dass 31 Pfund Torf die gleiche Wärmemenge ergaben wie 45 Pfund halbtrocknen Holzes. Für die Erzverhüttung war Torfkohle günstiger; man verkohlte dafür 35 400 Soden Torf in Meilern. Unter der Leitung des Oberförsters Wächter aus Clausthal stachen nun 40 Arbeiter in 8 Wochen an der Stieglitzecke 1,3 Mio. und an der Hühnerbrühe 0,40 Mio. Stück Torf. Die Arbeiter fanden dabei Unterkunft in einem Blockhaus. Der Torf wurde in einem beheizten Schuppen getrocknet.Es wurden an die Hütten in Altenau und Clausthal nur 475 000 Stück Torf abgesetzt, so dass große Vorräte zurückblieben und man 1819 den Torfstich abbrach.

Auch waren Versuche mit Torf zum „Feuersetzen“ im Rammelsberg ungünstig ausgegangen. In der Bevölkerung war ebenfalls kein Torf absetzbar, weil Lagerplatz und geeignete Öfen nicht vorhanden waren und die Asche nicht zum Seifensieden brauchbar war.

Bereich **Rotes Bruch** 1818-1822 und 1844-1860: Zur Anlage neuer Forstkulturen ließ die braunschweigische Forstverwaltung den östlichen Teil des Roten Bruchs entwässern. Den anfallenden Torf trocknete man in einem Schuppen von 95,3 x 15 m mit drei Böden. Vom früheren Schuppen am Bruchberg waren dafür gusseiserne Trockengestelle übernommen worden. Versuche mit Torf auf der Saline Juliushall (Harzburg) verliefen wegen ungeeigneter Roste nicht zufriedenstellend.

Nach langer Pause wurden die Torfvorräte 1844 neu vermessen und es wurden max. 880 Mio. Stück Torf als gewinnbar geschätzt. 1845 stach man im Roten Bruch und im Königsbruch 123 000 Soden und verbrauchte sie nach der Verkohlung in der Eisenhütte Zorge und der Braunlager Glashütte von Röhrig. In den folgenden Jahren lagerte man Torf im Herzberger Kornmagazin, das wegen zu hohem Kornankaufspreis leer stand, hier bis zu 484 500 Soden. Leutnant Leffers berichtete dazu 1845, dass 6 Arbeiter aus Lonau 12 Arbeiter aus Herzberg ablösen mussten, die „nicht die geringste Lust zum Arbeiten zeigten“.

An Einheimische bot man 1000 Soden zu 7 Groschen an, an die Hüttenwerke zu 8 Groschen und an „Ausländer“ zu 12 Groschen. Um 1855 standen am Achtermann 30 Trockenhäuser in Betrieb, der hier 1860 endete.

Bereich **Bruchberg/Stieglitzecke** 1829-1863: Die Produktionsmengen waren hier sehr schwankend; es wurden folgende Zahlen in Mio. Soden ermittelt: 1843-0, 186 /1 844 0,730 /1846 1,0 /1847 1, 1 /1855 0,314 /1856 0,218 /1857 1,6.

Die Produktionskosten betrugen im Jahre 1848 504 Taler Stecherlohn, 87 Taler Trockenkosten und 220 Taler für einen neuen Trockenschuppen. Hauptabnehmer waren die Altenauer Silberhütte, das Eisenwerk Rothehütte und mit großen Aufträgen die Stadt Osterode. Nach nur sporadischem Betrieb ab 1860 erfolgte 1863 Einstellung und der Abriß des Trockenhauses.Das Material des hinfälligen Gebäudes erwarb für 40 Taler der Osteroder Zimmermeister Nause. An Inventar waren vorhanden:54 Meßgefäße, 25 Karren Spaten, Kiepen, Bohrer und 17 „Bränner“ (vielleicht eine Art Öfen?).

Das Brockengebiet 1843-1866:Der Hasselfelder Forstmeister v. Hanstein beauftragte 1816 den Reitenden Förster Daubert, die Gräben aus der Zeit des Herren v. Langen zu erneuern und das Gelände zum Torfstich vorzubereiten; dies blieb aber bis 1828 die einzige Aktivität. Es folgte eine Vermessung der Torfflächen durch den Clausthaler Forstschreiber v. Berg und wieder verging etliche Zeit, bis dann endlich 1843 der Betrieb lief. Zuerst lag der Schwerpunkt des Torfstichs im Radauerborn-Moor und im Schwarze Tannen-Moor nahe Torfhaus, verschob sich dann in die Umgebung Schierkes und in das Amt Elbingerode. Hier wurden die alten Stiche am Quitschenhai, Brockenbett und Mönchsbruch wieder aufgenommen und man gewann dort 3 Mio. Soden. Der Betrieb ging dann auf die Moore am Großen Winterberg, Barenburg, Sandbrink und Käsewitterhai über. Man stach hier folgende Sodenanzahl in Mio. 1844 0,73 / 1855 3,92 / 1856 9,42 / 1858 10,63 / 1859 11,76 / 1860 8,23 / 1861 3,91 / 1864 1,88 / 1865 2,05

Abnehmer waren die Elender Eisenhütte, die Rothehütte und die Altenauer Silberhütte. Die Abgabepreise lagen pro 1000 Stück bei 7-12 Groschen, im Extremfall (1854) bei 18 Groschen. In Zeiten hoher Aktivität waren 60-70 Arbeiter beim Stechen eingesetzt.

Ihre Löhne lagen in den Jahren 1840-1860 bei 6-8 Groschen pro 1000 Soden. Zu den Stecherlöhnen kamen die Transportkosten hinzu, die je nach Entfernung differierten.

Beförderungsmittel waren die im Köhlereiwesen üblichen einachsigen Wagen mit 2,5 cbm Inhalt. Als Ausnahmefall sei genannt, dass 1836 der Fuhrmann Käsewieter (auch Käsewitter) große „Coakswagen“ für 10 000 Soden verwendete und „weil es bergab ging“, nur 2 Taler und 6 Groschen zur Rothenhütte verlangte.

Um 1866 endete die Torfgewinnung für die Hüttenwerke, weil von nun an Steinkohle eingesetzt wurde. 1870 riß man das letzte Trockenhaus ab. Für Balken, Latten und Schindeln zahlte der Ökonom Benteschneider aus Münchehof 45 Taler.

Torfabbau in der letzten Betriebsperiode 1919-1970

In dieser Zeit wurde Torf zur Verwendung als Moorbad gestochen. Dies betraf u.a. das Moor auf dem Acker mit einer Fläche von 150 ha. für die Kurverwaltung Bad Grund. Der Badetorf wurde hier bis 1970 gestochen. Er gelangte zum Kurbad per LKW und konnte vor Ort durch Lagern regeneriert werden. Die wassergefüllten Torfgruben sind heute noch erhalten.

Weiterer Torfstich fand 1929 bei Königskrug für die Kureinrichtungen in Braunlage und 1942 für Goslar statt.

Literatur und Quellen

H. Benzinger: Torfhäuser im Brockengebiet, in Archiv für Landes- und Volkskunde in Niedersachsen (1943)

H.-J. Beug: Landschaftsgeschichte im Hochharz (1999)

C. Braess: Reise nach dem Brocken (1786)

H. Dennert: Quellen zur Geschichte des Bergbau- und Hüttenwesens im Westharz 1524-1631 (1981)

G. Gebhardt: Über die Torfgräberei im Oberharz von 1571 bis 1970, in: Unser Harz, H. 1 (2004)

U. Jensen: Die Moore des Hochharzes (1987)

C. Kasch: Beiträge zur Entstehung und Geschichte des Torfhauses, in: Zeitschrift des Harzvereins für Geschichte und Altertumskunde (1911)

H. Klages: Die Entwicklung der Kulturlandschaft im ehemaligen Fürstentum Blankenburg (1968)

H. Riefenstahl: Die Brockenwirte an der Heinrichshöhe, in: Unser Harz (1991)

G. Riehl: Die Forstwirtschaft im Oberharzer Bergbaugebiet von der Mitte des 17. Jahrhunderts bis zum Ausgang des 19.Jahrhunderts, in: Aus dem Walde (1968), H. 15

H. Schneekloth, S. Schneider: Die Moore des Oberharzes, in: TELMA (1971)

K. Schmidt: Torfgewinnung aus den Harzmooren, in: Aus dem Walde (1958), H.2

J. F. Zückert: Die Naturgeschichte einiger Provinzen des Unterharzes (1763)

Akten des Niedersächsischen Hauptstaatsarchivs Hannover: Bestände Hann.82 a Herzberg-Harzforst (Nr. 1278, 1279),Hann.82a Lauterberg (Nr.396,401,410, 414, 416),Hann.84a (Nr. 134,427,438-440,445-450, 1023, 1038, 1048, 1365, 1381-1383, 1855-1857,2302-2304

18 Das Köhlereiwesen des einseitigen und Kommunionharzes im Dienste der Hüttenwerke von 1660 bis 1930

Bergbau und Hüttenwesen des Harzes verbrauchte über Jahrhunderte ungeheure Mengen an Holz. Der Anteil der Hüttenwerke betrug daran 50-65 %, fast ausschließlich als Holzkohle.

Der Verbrauch ging erst ab 1864 mit dem Einsatz von Steinkohle drastisch zurück. Geringe Mengen wurden noch bis ca. 1930 verbraucht, da man hiermit sehr reines Eisen erzeugen konnte. Der Hauptanteil der Holzkohle wurde zur Reduktion der oxidischen Erze in den Hochöfen der Silber- und Eisenhütten eingesetzt, kleinere Mengen verwendete man zum Rösten und Frischen, in Salinen und Schmieden, sowie einigen Nebenbetrieben (zur Erzeugung von Pottasche, Messing, Vitriol und Schwefel.

Das gesamte Forstwesen einschließlich der Köhlerei war den Bedürfnissen von Bergbau und Hüttenwesen untergeordnet. Störungen und Schäden im Forstbetrieb führten mehrmals – und das über Jahre – zur Einschränkung und zur Einstellung von Berg- und Hüttenwerken.

Holzkohle gelangte einerseits aus dem Einseitigen (hannoverschen) Harz und dem Kommunionharz in benachbarte braunschweigische und stolberg-wernigeröder Harzgebiete (z.Bsp. zu den Eisenhütten von Ilsenburg, Rübeland und Zorge), andererseits kam aus diesen Gebieten wieder Holzkohle in den Westharz.

Nachrichten über Köhlerei erschienen schon vor dem Jahre 1000, quantitative Angaben traten aber erst ab der Mitte des 17.Jahrhunderts auf.

Über die Waldnutzung und die „Kohlenordnung“

Die Zusammensetzung des Waldbestandes änderte sich vom Mittelalter zur Neuzeit: laut *Hillebrecht* (1982) betrug der Hartholzanteil vom 7. bis zum 12. Jahrhundert im Durchschnitt 65 % (im Extremfall 90 %). Es erfolgte eine stetige Verringerung: Mitte des 17.Jahrhunderts war der Anteil 50-60 %, um 1730 45-50 %, um 1770 30 % und ab 1840 10 % und weniger. Einen großen Anteil an dieser Veränderung hatte ab ca. 1750 der planmäßige Anbau von Fichtenkulturen.

Die Eignung der Holzarten für die Verkohlung klassifizierte *Boese* Mitte des 18. Jahrhunderts folgendermaßen: Aals besonders gut beurteilte er Buchen, Eschen und Elle, als mittelgut Fichten und Birken, dagegen als schlecht Eichen, Espen und Linden. Er erwähnte auch einige heute unbekannte Baumarten, die selbst in älteren Lexika nicht verzeichnet sind – nämlich Ilmen, Oehren und Söhlen. Diese Gehölze findet man nur noch in Orts- und Flurnamen wie Ilmenau und Oehrenfeld (bei Drübeck).

Über den Bedarf der Berg- und Hüttenwerke sowie der anderen Verbraucher wurde einmal in einer im Herbst stattfindenden und mehrere Tage dauernden Konferenz, der Kohlenordnungsversammlung, befunden. An ihr nahmen die mittleren Beamten des Berg-, Hütten- und Forstwesens teil. Ab ca. 1750 wurden hierbei der Bedarf an Gruben- und Brennholz mitbehandelt. Die Berg- und Hüttenbeamten legten ihre Vorräte und Bedarf dar. Die Forstbeamten, die ihrerseits ihre Holzbestände ermittelt hatten, gaben dazu Hauungsvorschläge ab. Gemeinsam wurden die Schläge (Haie) mit Mengen vereinbart.

Auch wurden die Köhlermeister und Fuhrleute sowie deren Löhne festgelegt. In letzter Instanz hieß der Berghauptmann die Pläne gut oder korrigierte sie. Da sich oftmals über den Winter zusätzliche Gesichtspunkte ergaben, erfolgte im Frühjahr eine weitere Beratung, auf Grund deren Ergebnis die Kohlenordnung in Kraft trat. Da in jedem Fall der Bedarf der Bergwerke und Hütten Vorrang hatte, konnte die Forstverwaltung selten ihre Vorstellungen durchsetzen. Das änderte sich erst ab 1870, als die Verwendung von Steinkohle die der Holzkohle abgelöst hatte. Erst jetzt konnte sich der Wald von langer intensiver Nutzung erholen.

Über die Ordnung des Köhlereiwesens

Vor dem Ende des 16.Jahrhundertsbeschäftigten die Hüttenwerke eigene Köhler. Danach fand die Köhlerei im Dienste der Forstverwaltung statt. die den Betrieb durch Beamte überwachte. Bis gegen 1700 geschah der Betrieb in Form der sog. Vertragsköhlerei. Hier besorgten die Köhler außer ihrer Hauptarbeit noch den Holzeinschlag und die Transporte. Ihnen wurde das „Verlagsgeld“ für ihre Auslagen (Werkzeug, Material, Löhne und Pferdehaltung) vorgeschossen. Dieses Verfahren war problematisch, hatten doch etliche Köhler den Vorschuß vorzeitig verbraucht.

Deshalb ging man zur Verpachtung über. Das Verlagswesen behielt man für abgelegene und schwierige Haie (Hieborte) einige Zeit bei.

. S.70

Das Pachtwesen hielt sich nur in der kurzen Zeit von 1675 bis 1693, weil Pächter unehrlich wirtschafteten. Besonders negativ bekannt war der Forstschreiber Johann Heinrich Busch, der vertraglich Holzkohle an die Altenauer und Clausthaler Silberhütte lieferte, so im Jahre 1684 20 519 Karren, 1686 12 375 Karren und 1687 10875 Karren. Sein Gewinn war beträchtlich: 1686 nahm er 6029 Taler ein und zahlte nur 600 Pachtgeld. Busch ließ nur nahe gelegene Haie bearbeiten, während die entfernteren Haie verdarben. Nachfolger von Busch wurde der Hüttenreuter Best. Im gleichen Zeitraum pachtete in St.Andreasberg der Stadtschreiber Hedemann.

Wegen dieser schlechten Erfahrungen ging die Forstverwaltung nach 1693 zur Lohnköhlerei über. Finanziell wurden Einschlag und Meilerbetrieb getrennt. Unter Aufsicht durch Forstbeamte wurde im Winter eingeschlagen und die Holzfäller aus der Forstkasse entlohnt Die Beamten teilten den Köhlermeistern ihre Haie zu. Die Festsetzung des Köhlerlohns beruhte auf einer Berechnung, in der die Länge und Schwierigkeit des Transportweges des Holzes, Herrichten und Betrieb der Meiler, Pferdefutter und Nebenarbeiten einflossen.

Der Köhlerberuf

Der ausgebildete Köhler stellte sich nicht als Selbständiger, sondern als Facharbeiter in abgesicherter Stellung im Forstbetrieb dar. Er begann als „Haijunge“ mit leichteren Nebentätigkeiten oder als „Schlittenläder“ für den Transport des Holzes zum Meilerplatz.Er stieg nach angemessener Zeit zum „Köhlerknecht“ auf, der das Richten, Füllen und „Langen“ (Entleeren des Meilers) beherrschen musste.

Die Aufgaben des „Köhlermeisters“ waren die Steuerung und Überwachung des Verkohlens, die Planung der Versorgungswege für die Holzanfuhr, die Aufsicht über die Verladung der Kohle und vieles mehr. Sie wurden nach mehrjähriger Erfahrung durch die Forstverwaltung ernannt, sobald sie den Nachweis einer Hai-Einrichtung und einer erfolgreichen Probekohlung erbracht hatten. Die Ernennung zum Meister schloß die Ablegung des „Köhlereids“, der in allen Gebieten des Harzes fast gleichlautend war. Der Eid beinhaltete die gewissenhafte Einhaltung von Betriebsanleitungen. Der Köhlereid für das Fürstentum Blankenburg (1773-1795 bestätigt und verbessert) enthielt insgesamt 27 Vorschriften über die Anlegung und den Betrieb der Meiler, zu dieser Zeit Mieler genannt.

Auch die Köhler der Eisenhütten hatten 1720 in „Eydesnotuln“ geloben müssen, zu „schweren ein Eydt bey Gott und auff seyn heiliges wordt“.

Trotz aller Vorschriften kam es immer wieder zu Bränden und schlechter Arbeitsausführung. Um dieses zu verhindern, wurden drastische Strafen verhängt. Die „Strafordnung“ für den hannoverschen Harz enthielt 11 Arten von Vergehen, die Geldbußen von 2 Groschen bis zu 2 Talern androhten, z.Bsp. für unbewachtes Feuer in der Köte 10 Groschen, für das Verderben von Kohlen durch Regen 2 Groschen pro Maß (meist 0,25 cbm). Mehrfache Verstöße und Brände durch erwiesene Fahrlässigkeit bedeutete Entlassung und Eintragung in die Stammrolle. Die Stammrollen aller in der Köhlerei Tätigen enthielten Angaben zu Name, Geburtstag, Geburtsort, Dienstdauer, Angehörige und Löhn. Der Köhlermeister hatte ein Dienstbuch mit sich zu führen, in dem Namen, Forstort, Menge und Art des Holzes und der erzeugten Holzkohle, auch die Löhne der Mannschaft vermerkt waren.

Der Köhlermeister und seine Leute hatten in der Kohlungssaison (Mai bis Ende Oktober) pro Hai einen Ertrag von 500-600 Karren Holzkohle zu erbringen, also pro Woche etwa 25 Karren (1 Karre = 10 Maß = 2,5 cbm). Ein Hai war im 18.Jahrhundert war durchweg mit einem Meister, zwei Knechten, einem Schlittenlader und zwei Jungen belegt. Die erzeugte Holzkohle wurde pro Karre bezahlt (1677 14 Mariengroschen, 1814 18 Groschen, 1834 9 Groschen).

Die Löhne erhielt man wöchentlich, z.Bsp. 1854 die Meister 3-4 Taler, Knechte 2 Taler, Schlittenlader 1-2 Taler und die Haijungen 1 Taler 10 Groschen.

Das Köhlereiwesen gab in den Jahren von 1820 bis 1850 etwa 2000 Personen Arbeit, davon waren 500 Meister, 600 Knechte, 400 Schlittenlader und 500 Jungen. Gegen Ende der Köhlerei verminderte sich die Zahl beträchtlich. Die Forstverwaltung versuchte, die Köhler in anderen Berufen unterzubringen. Schon bisher war die kohlungsfreie Zeit im Winter durch Holzeinschlag überbrückt worden. Im Ruhestand erhielten etliche Köhler Gnadenlöhne, so erhielten z.Bsp. im Forstbezirk Lauterberg von 1855 bis 1869 zusammen 13 Köhler wegen Invalidität im Alter von 53 bis 65 Jahren eine wöchentliche Zahlung von 8 Groschen.

Der Meilerbetrieb

Man begann mit dem „Aufmachen“ (Herrichten) des Kohlplatzes. Dieser musste wegen möglicher Brände in der Nähe von Wasser gelegen sein und möglichst eben sein.Notfalls wurde dieser eingeebnet und auch durch Mauerung abgestützt Gängig waren im 18.Jahrhundert „Diameter“(Durchmesser) von 35 Fuß und „Circumferenz“ (Durchmesser) von 106-113 Fuß. Geeignete Böden durften weder zu fest noch zu locker sein wegen der erforderlichen Luftdurchlässigkeit.

Boese berichtete zwar 1753, dass „schweflichter“ Boden die Ausbringung senke, aber hier irrte er wohl.

Um einen oder mehrere „Quandelpfähle“ im Mittelpunkt wurde das Zündmaterial (Quandel) aus Reisig oder Kleinkohle gesetzt: Darum herum wurden Scheithölzer bzw. Stucken, Äste oder Zweige „gerichtet“. Man erhielt eine gewölbte Form von ca.4 m Höhe. Ein guter Brand war nicht nur abhängig von dichter und gleichmäßiger Packung, sondern von dem Zustand des verwendeten Holzes. Abträglich waren zu junges Holz oder falsche Hiebzeit.

Das Holz wurde bedeckt mit ca. 20 cm Rasen, Laub, Moos und „Stübbbe“ (ein Erde-Kohle-Gemisch), danach wurde festgeklopft. Per Lunte erfolgte die Zündung im Quandelschacht, danach zwei Tage „blindes“ Verkohlen. Durch Einstechen von Zuglöchern („Ruhmen“) konnte das Feuer in die unteren Teile des Meilers dirigiert werden. Die Zugluft wurde mittels „Windschauer“ (Wände aus Reisig oder Brettern) zugeleitet. Entstandene Hohlräume befüllte man mit Holz nach.

Nach 10-15 Tagen (unterschiedlich nach Holzart) zeigte der Meiler durch bläulichen Rauch an, dass er gar war. Man erstickte das Feuer mit feiner Stübbe und begann das „Langen“ (Ernten) der fertigen Holzkohle. Glimmende Kohlen wurden dabei gelöscht.

Ein Inventarbericht des Köhlermeisters Ebeling belegte 1827, was man für den Betrieb brauchte. Hacken, Riethaken, Steigbaum, Harken, Tonnen und Fässer für Erde, Wasser und Moos. Ein Meiler fasste durchschnittlich 60 Malter = 120 Raummeter Kohlholz. Aus 1,7 - 2,2 Maltern Kohlholz (1 Malter = 2 Raummeter) bzw. 2,5-2,8 Malter Stucken erhielt man einen Karren Holzkohle.

Der Köhlermeister hatte ständig Aufsicht über den Verlauf des Brandes zu führen und dies in seinem Dienstbuch festzuhalten, welches Angaben zu Zeiten, Mengen, Holzarten, ausgeführten Arbeiten, Ausbeuten und Abfuhr enthielt. Die Vorschriften für die Köhler des hannoverschen Harzes umfassten 1863 zusammen 56 Einzelpunkte.

Außer den hier beschriebenen Meilern waren bis in das 19.Jahrhundert sogen. Grubenmeiler für minderwertiges Holz wie Reisig und Zweige in Gebrauch. Man befüllte Gruben von 1,2 m Tiefe mit Holz, zündete und bedeckte mit Erde.

Diese Methode benötigte zwar nur 1-2 Tage Brennzeit, ergab aber nur geringwertige Holzkohle.

Abbildung 29: Geöffneter Meiler im Köhlereimuseum Stemberg

Köhlereiversuche

Die Meiler des Oberharzes erzeugten zumeist 60 Malter = 120 Raummeter Holzkohle. Um 1730 lag die Volumenausbeute für Fichtebei50%, für Buche bei 40 % des eingesetzten Holzes. Dagegen hatten sich diese Zahlen um 1860 auf 65 bzw.55 % erhöht. Dieses war das Ergebnis von Versuchen zu Beginn des 19.Jahrhunderts, von denen einige aufgeführt seien:

1817 wurden wegen Holzmangels außer Torf auch Wasen (Reisig und Zweige) und sogar Tannenzapfen verkohlt, wobei erstaunlicherweise gute Kohlen gewonnen wurden.

- ebenfalls 1817 pries die Firma Kretschmann und Koelle aus Hagen ihre Verkohlungsöfen an, mit denen man angeblich 40 % mehr Kohle erhalten würde. Das Verfahren setzte sich um 1900 durch.
- 1825 gab es am Einersberg (bei Zellerfeld) Versuche mit liegendem Meiler nach schwedischer Art, die die Ausbeute um 10 % steigerten.
- 1826 erhöhten Versuche bei Elend, bei denen man nach italienischem Vorbild als Deckschicht Flusssand verwendete, ebenfalls die Ausbeute.
- Ein lange in Betrieb stehender Versuchsplatz befand sich 1815-1840 am Lauterberger Flößwehr. 1817-1822 gewann man hier durch Destillation über Messingröhren Holzsäure-Destillate, die man zu Rotsalz, Bleizucker u.a. verarbeitete.

Weiter experimentierte man 1830-1840, in dem man Aufbau, Bedeckung und Brenndauer der Meiler veränderte und auch minderwertige Holzsorten einsetzte.

Lieferungen von den Meilern zu den Hütten

Die aus den Meilern „gelangten" Holzkohlen wurden auf einachsige Wagen mit Körben von 2,5 cbm Inhalt geladen. Größere Wagen bzw. Körbe erwiesen sich wegen der schlechten Straßen als ungünstig; bei besonders schlechtem Gelände verwendete man noch kleinere Typen Auch konnte man bei dieser Art von Wagen Schwelbrände besser erkennen und löschen als bei größeren Fahrzeugen. Die Holzkohle erlitt beim Transport Verluste durch Abrieb in Höhe von 10-15 % („Krimpfe"), die einkalkuliert werden mussten.

Forstverwaltung und Hüttenwerke unterhielten keine eigenes Fuhrwesen, sondern schlossen Verträge mit Fuhrleuten. Der Fuhrlohn richtete sich nach Länge und Art der Wege. Er betrug pro Karren 1-2 Taler und erhöhte sich bei überwiegender Bergfahrt um 15 Groschen. In Notzeiten erhielten die Fuhrleute Hafergeld und Brotzulage.

Erst wenn die Kohle von den Kohlenvoigten der Hüttenwerke in Empfang genommen und gemessen waren, ging sie in den Besitz der Hüttenwerke über. Der Preis der Kohle setzte sich 1830 zusammen aus dem Hauerlohn (39 %), Köhlerlohn(26 %) und Fuhrlohn (29 %). Der Forstzins war gering und wurde den Hütten z.T. erlassen.

Anzahl der gelieferten Karren Holzkohle an die Hütten im Westharz (nach Archivunterlagen)

Silberhütten

Zeit	Altenau	Clausthal	Lautenthal	Zeit	Altenau	Clausthal	Lautenthal
1662	3090	2930		1816	4600	14054	26250
1705/13	1395	14180		1825	3351	9068	
1704/21	9435	20430		1830	4850	10700	5000
1722/29	21143	39877		1835	1278	4730	
1730/35	26160	32240		1840	803	7782	
1780	2100			1845	1270	4448	
1790	12500	11500		1850	5500	9000	4200
1801	13998	10962	3050	1860	4200	8000	2300
1814	7500	14019	5000	1867	400	900	400

Eisenhütten

Zeit	Rothehütte	Königshütte	Alle Hütten	Zeit	Rothehütte	Königshütte
1672			5826	1816	11379	8302
1688/92			46090	1830	13100	9400
1715			13600	1833	12347	10720
1725			9000	1850	18606	19626
1749/68		8150		1860	16800	7750
1767	2551			1866	4400	5400
1800			22106	1867	572	1726

Angaben über Liefermengen an die Hüttenwerkesind nur bruchstückhaft erhalten. Einerseits erscheinen sie als Holzmengen vor der Verkohlung, andererseits als Lieferungen einiger Forstbezirke und zudem noch in verschiedenen Maßsystemen. Wenn möglich, wurde in Karren umgerechnet. Am Besten dokumentiert sind die Mengen an die Hauptsilber- und Eisenhütten des einseitigen und des Kommunionharzes. An Gesamtmengen sind nur die Angaben bei *Boese* (1753) bekannt, deren Umfang 1718. 1724 jährlich bei 50-60 000 Karren lag und deren Wert 16-20 000 Reichstaler betrug. Der Anteil der unterharzer Hütten daran lag bei 24 000 Karren.

Zum Ausklang der Köhlerei nach 1860

Ab 1860 setzte ein rascher Rückgang der Holzkohleproduktion ein. Als einziger Großbetrieb verbrauchte die Rothehütte weiterhin Holzkohle, stellte aber einen ihrer zwei Hochöfen ein. Der Bedarf von ca. 8000 cbm pro Jahr wurde hier zum Einen von Köhlern aus Wernigerode, Hayn, Breitenstein und Hasselfelde angekauft, der andere Teil kam aus dem Raum Lauterberg. Eine Liste der Köhler 1886 des Lauterberger Bereichs nennt folgende Namen: aus Lauterberg: Dreyer, Bock, Angerstein, Ahrend, Rohrmann und Peschau, aus Sieber Bartels, Füllgrabe, Engelke und Reuper, aus Lonau Minne und aus St.Andreasberg Voigt und Fuhs.

1900 beschäftigte die Rothehütte in ihrem Köhlereibetrieb noch rund 100 Personen, davon ständig 30-40 Mann. Die Köhler der Hütte gewannen aus 16 000 cbm minderwertigem Holz 1922 t Holzkohle. Die Rothehütte erzeugte ein sehr reines Roheisen, wovon große Mengen an die Magdeburger Grusonwerke geliefert wurden. In Lonau und Sieber verkohlten einige Köhler jährlich 3000 cbm, dazu gewannen in Schulenberg und Lautenthal jeweils ein Köhler 700 cbm Holzkohle.

Nach 1900 stellten sich die noch produzierenden Köhler auf Retortenschwelerei um. Im 1.Weltkrieg 1914-1918 gewann man aus den Schwelöfen noch Methanol, Holzessig, Aceton und Formaldehyd.

Literatur und Quellen

Chr. Boese: Generale Haushaltsprincipia vom Berg-, Hütten-, Saltz- und Forstwesen, in spezia vom Hartz (Leipzig und Frankfurt 1753)

A. Buhs: Der Köhlereid und die Köhlerei im Fürstentum Blankenburg, in: Zeitschrift des Harzvereins (1990)

G. Gebhardt: Zum Köhlereiwesen des einseitigen und Kommunionharzes im Dienste der Hüttenwerke von 1660 bis 1830, in: Unser Harz, H.4 (2004)

M.-L. Hillebrecht: Die Relikte der Holzkohlenwirtschaft (Hahn, Hannover 1982)

K.-*H. Kaufhold (Hg.)*: Bergbau und Hüttenwesen in und am Harz (1992)

G. Riehl: Die Forstwirtschaft im oberharzer Bergbaugebiet von der Mitte des 17.bis zum Ausgang des 19.Jahrhunderts (bei Schaper, Hannover 1968)

K.-T. Weigel: Köhler im Walde, in Zeitschrift Niedersachsen (1934)

Akten des Niedersächsischen Hauptstaatsarchivs Hannover (Bestände-Hann.82a Clausthal Nr.4 u.9 /Hann.82 a Herzberg-Harzforst nr.690, 697, 706,716 /Hann.82a Lauterberg Nr.22,31, 112-130, 134-140, 146, 149, 158-160, 162-168,244, 245, 311, 26,391, 396, 1080-1093 /Hann.84a Nr. 131 138, 467-502, 1389, 1762, 2123, 2127, 2314, 2315 /Hann. 180 Hildesheim Nr. 17021, 17030.

Verkehrswege und Transport

19 Der Bau der ersten Chausseen im Westharz 1820-1870

Vor 1800 hießen alle Straßen Wege. Und das waren sie denn auch – nämlich Erdstraßen, die nach Schäden mit Sand oder Knüppelholz „gebessert" wurden. Nach der Gründung der Königlichen Wegebau-Intendance 1764 wurden die Hauptverkehrsstraßen im Königreich Hannover „chaussiert", d.h. mit einer Packlage und einer Deckschicht aus gebrochenem Gestein oder Kies versehen.

Im Westharz verlief die Entwicklung anders als im Flachland. Der Bau begann im Harz erst um 1820 aus Arbeitskräftemangel – es waren damals starke Windbrüche zu beseitigen – und wegen einer anderen Organisationsstruktur. Planung und Ausführung waren hier den Forstbehörden, insbesonders den Forstinspektionen auferlegt worden. Diese legten ihre Pläne in den Generalforstamtsprotokollen fest, die nicht nur für den Chausseebau, sondern auch für den Bau und die Reparatur der Hauptfrachtstraßen, der Hauptkommunikationswege (Straßen unterer Ordnung) sowie der Betriebswege der Forstwirtschaft und des Berg- und Hüttenwesens galten. Unter die Betriebswege fielen Wege zum Transport von Holz, Kohlen und Schlieg (Erzkonzentrat). Die Kosten wurden auf eine Vielzahl von Kassen des Forst-, Berg- und Hüttenwesens verteilt.

Personelles zum Wegebauwesen

Hohe und mittlere Beamte waren die Wegebauinspektoren Söhlke, Peters, Voigts, Peters und Brünnecke, als Wegebaumeister wurden in den Akten Wendelstadt, Frische und Grimsehl genannt, als Wegebauaufseher Schrader, Tiemann, Habermann, Hartmann und als Wegesteiger Brehme, Hormann, Heckenberg, Streckert und Badstübner.

Es standen nicht genügend Wegearbeiter zur Verfügung, nämlich 1815 nur 97 und 1826 170 Personen. Bei mehrfach auftretender Trockenheit, die den Bergbau wegen der fehlenden Antriebskraft des Wassers zur Untätigkeit verdammte, wurden Bergleute beim Wegebau eingesetzt. Für den Transport der Baumaterialien waren Harzbewohner verpflichtet; so wurden 1830 für den Wegebau 204 Spanndiensttage mit einem Pferd und 15 900 Handdiensttage durch Leute ohne Pferd geleistet.

Zur Eignung und Gewinnung von Wegebaumaterial

Es wurden dafür im Harz vorhandene Gesteinsarten eingesetzt. Art und Anteil an verbautem Gestein betrugen zu 46 % Grauwacke, zu 17 % plutonisches Gestein, zu 16 % Kalkstein und zu 14 % Flussgeschiebe, der Rest wird Schlacke und Sand gewesen sein. Die Gewinnung der Gesteine erfolgte in möglichst nahe gelegenen Steinbrüchen.

Der Wegebauinspektor Scharlach berichtete 1854 über die Herkunft der verwendeten Gesteine. Es waren dies besonders der Gabbro aus dem Radautal bei Harzburg, Grauwacke und Grünstein vom Rammelsberg, Kieselschiefer und Hornstein aus dem Innerstetal bei Lautenthal sowie nordische Flußgerölle aus Granit, Gneis, Porphyr und Syenit. Anzumerken ist noch, dass der Harzburger Gabbro über die Hälfte des Gesteinsbedarfs im Herzogtum Braunschweig deckte und dass man im hannoverschen Amt Elbingerode zerstoßenes Flußgeröll aus der Bode verwendete.

1834 fanden Versuche unter der Leitung des Maschinendirektors Mühlenpfordt und des Oberfaktors Frankenfeld statt, bei denen der Arbeitsaufwand für verschiedene Gesteinsarten miteinander verglichen wurde. Bei der Verwendung von je drei Fudern Gestein brauchte ein Mann an Arbeitszeit: 17,5 Stunden für dichten Kalkstein – 36 Stunden für Grünsteinschiefer – 16 Stunden für Kieselschiefer – 13 Stunden für körnigen Granit – 5-6 Stunden für Tonschiefer und 12 Stunden für Eisenschlacke.

Zur Bauausführung

Der Wegebau fand sukzessive statt, abhängig von der bewilligten Geldsumme und vom vorhandenen Personal. Die Arbeiterschaft wurde auch in der Forstwirtschaft benötigt, so dass nur Teilstrecken in Angriff genommen werden konnten. Zudem waren Reparaturen an bereits erbauten Chausseen und anderen Straßen durchzuführen, die sogen. Wegebesserungen. Die damaligen Chausseen kann man nicht mit heutigen Straßen vergleichen. Wie schon beschrieben, bestanden sie nur aus einer groben Packlage aus großen Steinen, die mit einer groben und einer feinen Schicht bedeckt war. Die Verdichtung des Baumaterials wurde den passierenden Fuhrwerken und Tragtieren überlassen. Eine Verdichtung mittels Steinrollen (Walzen) wurde erst ab 1830 eingeführt, die Verdichtung durch Dampfwalzen erst ab 1865.

1867 machte man erfolgreiche Versuche mit Dampfwalzen der französischen Firma Gellerat (Paris). Die Maschinen besaßen eine Leistung von 8-9 PS und ein Gesamtgewicht von 16,4 t. Später setzte man auch Maschinen der deutschen Firma Egestorff (Hannover-Linden) ein.

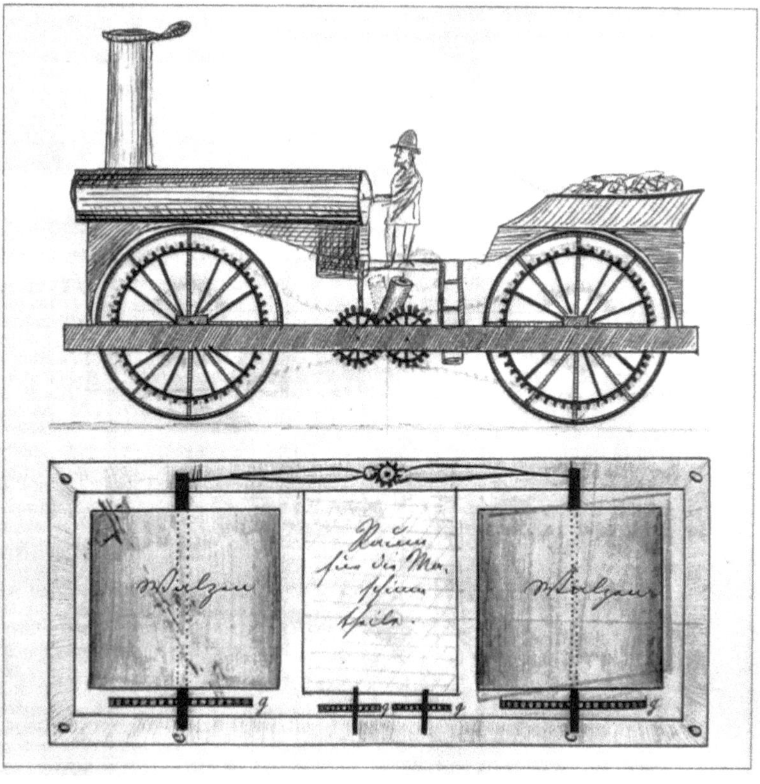

Abbildung 30: Dampfwalze System Gellerat des Ingenieurs Vaulthier

Die Baukörper der Chausseen hatten eine Breite von 6-7 Fuß, davon die Steinschlagbahn von 4-5 Fuß (1 Fuß = 28,5 cm).Sommerwege neben den Fahrwegen waren im Harz nicht herstellbar, weil das Gelände ungeeignet war oder man zu viel Wald hätte opfern müssen.Dafür bepflanzte man die Randstreifen mit Vogelkirschbäumen (Ebereschen).

Zahlreiche Vorschriften, unterstützt durch drakonische Strafen, waren dafür gedacht, die Straßen möglichst lange zu nutzen. Besonders wurde Wert darauf gelegt, keine Spurrillen fahren zu lassen. Das Strafregulativ von 1837 ahndete mutwillige Beschädigungen an Straßen, Brücken und dazugehörenden Bauwerken. Selbst das Schleifen von Messern an Steinquadern kostete zwei Taler Strafgeld.

Anzahl und Längen fertiggestellter Chausseen

Jahr	Zahl der Chausseen	Ruten	km
1833	10	17554	82,4
1838	27	34656	162
1853	56	47965	224
1867	73	58908	275
1868	76	80800	377

Ihre Baudauer konnte von 5 bis zu 40 Jahren betragen, abhängig von Planung und Finanzierung. Es soll an dieser Stelle nicht der Baufortschritt aller Chausseen dokumentiert werden, sondern nur die Jahre der Fertigstellung einiger wichtiger Chausseen vermerkt werden:

1833 Goslar-Zellerfeld
1837 Zellerfeld-Langelsheim
1845 Clausthal-Osterode
1850 Clausthal-Zellerfeld
1851 Altenau-St.Andreasberg
1859 Oderhaus-St.Andreasberg
1867 Sieber-Kulmketal
1868 Clausthal-Sonnenberg

Die hauptsächlich auf braunschweigischem Gebiet verlaufende Chaussee von Harzburg nach Braunlage wurde schon 1771 begonnen und 1829 fertiggestellt.

Zum Bau der Chaussee von Goslar über Zellerfeld und Clausthal nach Osterode

Der erste Bauabschnitt bis Zellerfeld maß 2725 Ruten (= 12,73 km) und wurde von der Zellerfelder Forstkasse finanziert: „1000 Schritte“ oberhalb von Goslar wurde 1822 ein erstes Wegehaus errichtet, 1824 ein zweites oberhalb der Wegesmühle vor Zellerfeld.

Der mittlere Bauabschnitt durch die Städte Zellerfeld und Clausthal maß zwar nur 600 Ruten (= 2,82 km), wurde aber wegen der Klärung der Grundstücksfragen erst 1838 in Angriff genommen und 1847 beendet.

Der dritte Bauabschnitt vom Clausthaler Schützenhaus bis Osterode maß 2119 Ruten (= 9,9 km) und wurde 1845 vollendet. In Höhe der Harzziegelhütte wurde 1824 das dritte Wegehaus zum Einziehen des Wegegeldes erbaut.

Bau der Chausseen bei Hohegeiß

Der Wegebaumeister Frische berichtete 1834,dass man das Baumaterial gewonnen habe und der Bau begonnen worden sei. Als Erstes wurde der nördliche Abschnitt nach Braunlage gebaut; dann folgte der Bau nach Süden in Richtung Nordhausen bis zur preußischen Landesgrenze. Die Chaussee besaß eine 14 Fuß (= 4,0 m) breite Steinschlagbahn mit einem Belag von Steinen in Taubeneigröße, bedeckt von Grus, weiterhin ein beidseitiges Bankett von je 5 Fuß Breite, sodass eine Gesamtbreite von 24 Fuß entstanden war. Begonnen hatte man mit 25-30 Arbeitern, später waren gegen Bauende im Jahr 1842 nur 5 Arbeiter eingesetzt worden.

Baukosten und Kassen

Von 1817 bis 1876 wurden für den Bau aller Chausseen und sonstiger Straßen im Einseitigen Harz und Communionharz 1 580 102 Taler ausgegeben.
Die Kosten wurden auf folgende Kassen verteilt:
a. die Kassen der Forstinspektionen Clausthal, Zellerfeld, St.Andreasberg, Lautenthal, Herzberg, Lauterberg und Elbingerode,
b. die Administrationskassen der Eisenhütten Königshütte, Rothehütte, Altenau, Lerbach,
c. die Wegekassen von Clausthal, Zellerfeld und St.Andreasberg,
d. die Kohlenadministrationskasse und e. der Sägemühlenkasse, dazu noch Einnahmen aus Überschüssen der Osnabrücker Landeslotterie und den Wegegelderhebungen (1834-1874).

Literatur und Quellen

G. Gebhardt: Über den Bau der ersten Chausseen im Westharz 1820-1870, in: Unser Harz, H.2 (2010)

21 Akten des Niedersächsischen Hauptstaatsarchivs Hannover (Bestände Hann. 84a, Hann. 109, Hann. 180 Hildesheim).

20 Die Wegehäuser im Westharz 1828-1874

Um einem möglichen Irrtum vorzubeugen: es handelt sich um die Wegegeld-Erhebungsstellen – heute „Maut“ oder „Peage“ – deren Einnahmen zur teilweisen Finanzierung des Straßenbaus beitrugen. Die im Harz ab 1820 in Regie der Forstverwaltung erbauten Chausseen waren „Kunststraßen“, die sich schnell abnutzten und deren Erhaltung viel Geld erforderte. Wegen der starken Beanspruchung durch Fuhrwerke waren strenge Regeln vorgeschrieben, deren Einhaltung durch eine Wegepolizei überwacht wurde.

Ab 1828 wurden Wegegeldstellen mit Schlagbäumen eingerichtet, zuerst in Sieber. Im hannoverschen Harz existierten 22 solcher Erhebungsstellen, von denen 19 Häuser nachstehend genannt werden. Sie bestanden zumeist in schon vorhandenen Forsthäusern und Gaststätten.

Drei Wegehäuser wurden im vorhergehenden Artikel an der Straße Goslar-Osterode genannt.

Ein weiteres Wegehaus wurde 1874 im Forst Lüderholz nordwestlich von Herzberg nahe der oberen Steinaubrücke projektiert, aber nicht ausgeführt. Noch weitere Wegehäuser entstanden um die gleiche Zeit im braunschweigischen und stolberg-wernigeröder Harz.

Die hannoversche Regierung erließ 1834 eine spezielle Wegegeld-Tarifordnung für den Harz, in der Abgaben und Strafen geregelt waren.

Die Wegehäuser bestanden bis 1874, nachdem ab 1870 die Einnahmen stark gesunken waren, möglicherweise durch den deutsch-französischen Krieg von 1870/71. Die letzte betreibende Behörde, das Finanzministerium der Provinz Hannover, gab einige Häuser an die Forstverwaltung, andere verkaufte oder verpachtete sie. Heute sind die noch vorhandenen Häuser zumeist Gaststätten. Das Wegehaus Heiligenstock oberhalb von Lerbach, bekannt durch spätere prominente Gäste, wurde in den 1960er Jahren abgerissen.

Abb. 2

Tarif

des

Weggeldes auf den Harz-Chausseen

in Gemäßheit des Gesetzes vom 4. December 1834 und der erlassenen besonderen ministeriellen Verfügungen.

Es wird bezahlt an jeder vollen Hebestelle:

		Courant
	I. Für beladenes Fracht- und beladenes ausländisches Landfuhrwerk (soweit letzteres nicht unter IV gehört)	
	A. Bei zweirädrigen Karren	
1	mit Radfelgen unter 6 Zoll breit von jedem Zugthier	1 Ggr. 4 Pf.
2	„ „ von 6–8 „ „ „ „ „	1 „ — „
3	„ „ „ 8–10 „ „ „ „ „	— „ 6 „
	B. Bei vierrädrigen Wagen mit Radfelgen unter 6 Zoll breit	
4	einspännig von dem Zugthiere	1 Ggr. — Pf.
5	zwei- oder mehrspännig von jedem Zugthier	1 „ 3 „
6	mit Radfelgen von 6–8 Zoll breit von jedem Zugthier	1 „ — „
7	„ „ „ 8–10 „ „ „ „ „	— „ 6 „
	II. Für unbeladenes Fracht- und unbeladenes ausländisches Landfuhrwerk (soweit letzteres nicht unter IV gehört)	
	A. Bei zweirädrigen Karren	
8	mit Radfelgen unter 6 Zoll breit von jedem Zugthier	— Ggr. 8 Pf.
9	„ „ von 6–8 „ „ „ „ „	— „ 6 „
0	„ „ „ 8–10 „ „ „ „ „	— „ 4 „
	B. Bei vierrädrigen Wagen	
1	mit Radfelgen unter 8 Zoll breit von jedem Zugthier	— Ggr. 6 Pf.
2	„ „ von 8–10 „ „ „ „ „	— „ 4 „
	III. Für einheimisches Landfuhrwerk	
3	mit landwirthschaftlichen Producten aller Art beladen für jedes Pferd oder Maulthier und fallen unter diesen Satz auch die Steinkohlen-Fuhren einheimischer Landleute, insofern dieselben nicht als Fracht, sondern mit deren eigenem Geschirr fortgeschafft werden.	— Ggr. 8 Pf.
14	mit Gegenständen beladen, welche nicht landwirthschaftliche Producte sind, für jedes Pferd oder Maulthier	1 Ggr. — Pf.
15	für leeres Landfuhrwerk für jedes Pferd oder Maulthier	— „ 6 „
16	für Landfuhrwerk mit Hornvieh oder Eseln bespannt, sowohl beladen als leer, für jedes Stück Zugvieh	— „ 4 „
	IV. Für alles übrige Fuhrwerk.	
17	Ausländisches Landfuhrwerk mit landwirthschaftlichen Producten aller Art, ferner alle ein- und mehrspännigen Kutschen, Chaisen, Korbwagen, Kaleschen, Karriolen u. s. w. beladen für jedes Zugthier	1 Ggr. — Pf.
18	Dasselbe Fuhrwerk leer für jedes Zugthier	— „ 6 „
19	Schlitten, beladen oder leer, für jedes Pferd oder Zugthier	„ 6 „
	V. Für Pferde oder Maulthiere, welche nicht vorgespannt sind	
20	das Stück ohne Unterschied, wenn es keine Treiberthiere sind	Ggr. 6 Pf.
21	für jedes Treiberthier ohne Unterschied	„ 4 „
	VI. Für Hornvieh, welches nicht vorgespannt ist, nicht gekoppelte Füllen, Esel:	
22	vom Stück	— Ggr. 2 Pf.
	VII. Für Schafe, Schweine, Ziegen und Kälber:	
23	vom Stück	Ggr. 1 Pf.
	VIII. Für einen beladenen Schiebkarren,	
24	insofern keine landwirthschaftliche Erzeugnisse darauf sind	— Ggr. 2 Pf.

Abbildung 31: Wegegeldtarif 1834

Über Personal und Gebühren der Wegehäuser

Als Wegegelderheber wurden vertrauenswürdige Personen eingesetzt, oft im Staatsdienst Tätige, aber auch Gastwirte. Sie erhielten in einigen Fällen festes Gehalt, zumeist aber einen Anteil am Wegegeld von 10 bis 20 %. Im Fall des Rehberger Grabenhauses betrug der Anteil wegen der geringen Einnahmen sogar 50 %. Allen Erhebern wurde ein Leuchtmittelgeld von 4 Talern pro Jahr bezahlt.

Liste der Wegehäuser und deren Betreiber im Jahre 1866

1. Heiligenstock	Gastwirt Hauenschildt	11. Mühlental (Elbingerode)	Gastwirt Hallbauer
2. Sperberhaier Dammhs.	Grabensteiger Schmidt	12. vor Goslar	Wegewärter Buchhorn
3. Eisenhütte Altenau	Kohlenvoigt Schmoock	13. Zellerfeld	Bergw. Aufseher i.R. Schaper
4. Sieber	Aufseher Füllgrabe	14. Unter-Schulenberg	Gastwirt Rohrmann
5. Sonnenberg	Förster Grebe II	15. Wildemann	Rathauswirt Lehm
6. Rehbgr.Grabenhaus	Grabenstgr.Hipperling	16. Lautenthal	Gastwirt Mahn,dann Witwe
7. Oderhaus	Revierförster Plagge	17. Lindthal	Forstaufseher Steckhahn
8. Elend	Gastwirt Spormann	18. Bredelem	Tischlermeister Seggelke
9. Rothehütte	Ehem.Feldjäger Willich	19. Grund	Waldarbeiter Bergener
10. Schützenhs. Elbing.	Gastwirt Köhler		

Die Erheber bekamen bei Beginn des Rechnungsjahres ein Kontingent an Gebührenzetteln, über deren Ausgabe penibel abgerechnet wurde. So erhielt z.Bsp. der siebersche Einnehmer Füllgrabe Zettel über 1-, 2-, 4-, 6- und 8 Pfennige sowie über 1-, 1 1/3-, 1 ½-, 2-, 2 ½-, 2 2/3-, 3-, 4- und 5 Groschen. An den Wegehäusern (Barrieren) waren die Tarife ausgehängt. Von der Zahling war ein bestimmter Personenkreis ausgenommen. Dazu gehörten Beamte und Arbeiter des Berg-, Forst- und Hüttenwesens, außerdem noch Geistliche und Gerichtsvögte.

Im Falle der „bespannten“ Einwohner von Herzberg durften deren Brennholzfuhren frei passieren. Wurden Leuten Betrug nachgewiesen, so mussten diese „Defraudanten“ hohe Strafen zahlen. In den letzten Jahren des Bestehens der Wegehäuser hatten die Ausnahmefälle so zugenommen, dass die Einnahmen den Aufwand nicht aufwogen.

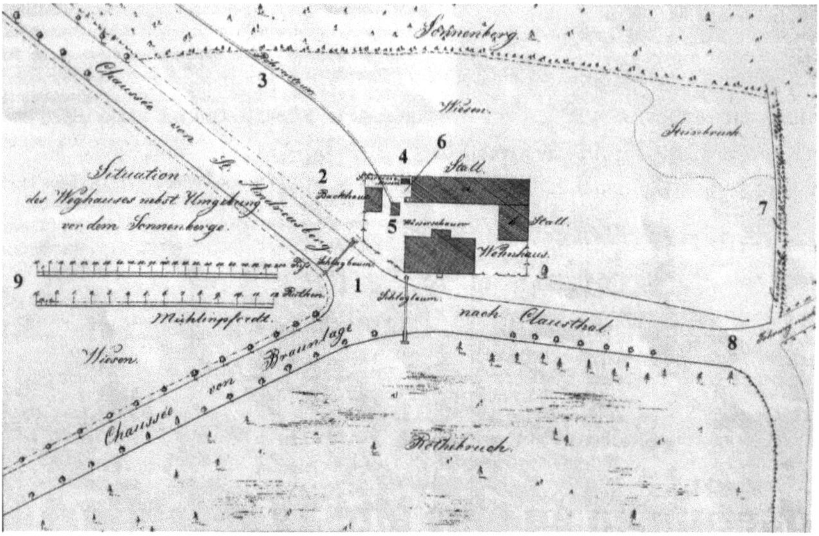

Abbildung 32: Plan des Sonnenberger Wegehauses

Die finanziellen Angelegenheiten wurden von den Kassen der sechs hannoverschen Forstinspektionen verwaltet (Clausthal, Herzberg, Lauterberg, Elbingerode, Goslar und Lautenthal). Die Einnahmen der einzelnen Wegehäuser waren sehr unterschiedlich: Einnahmen beim Sperberhaier Dammhaus: 1844 = 776 Taler, 1854 = 77 Taler; Einnahmen beim Rehberger Grabenhaus: 1844 = 2054 Taler, 1854 = nur 26 Taler.

Die Gesamteinnahmen aller Wegehäuser betrugen:

1864 = 5921 Taler, 1865 = 6103 Taler, 1866 = 6061 Taler, 1 869 = 1518 Taler, 1870 = 356 Taler.

Die Einnahmen verteilte man folgendermaßen: die Forstverwaltung bekam 70 %, die Bergwerksverwaltung 25 % und die Hüttenverwaltung 5 % der Summen.

Über Wegehäuser im östlich angrenzenden Harzgebiet

Aus dem braunschweigischen (blankenburgischen) Harzanteil waren um 1842 die Wegehäuser Neustadt (Harzburg), Oderbrück und Königskrug bekannt. Die braunschweigische Regierung plante die Aufhebung der Wegehäuser Neustadt und Oderbrück, dafür ein neues Haus im Forstort Baste an der Grenze des Amts Harzburg. Dort wollte man auch den bisherigen Erheber Thielemann mit Helfern und ihren Familien einsetzen, es kam jedoch anders. Forstmeister Dommes widersprach, weil dies einen Waldmorgen an Forstgrund gekostet hätte, was zu teuer erschien, sodass der Plan entfiel.

Um 1872 wurde das Wegehaus Königskrug oftmals durch Fuhrwerke der Braunlager Glashütte Röhrig mittels eines Waldweges umgangen.Daraufhin wurde dieser Weg mit einem Schlagbaum versperrt.

Ein weiteres Wegehaus bestand mit dem Wegehaus Bolmke auf Gräflich Stolberg-Wernigeroder Gebiet an der Straße Elbingerode-Wernigerode. Hier passierten zahlreiche Erztransporte aus dem Eisensteinrevier am Büchenberg zur Ilsenburger Eisenhütte.

Literatur und Quellen

G. Gebhardt: Die Wegehäuser im westlichen Harz in der Zeit von 1828 bis 1874, in: Unser Harz, H. 11 (2003)

Akten des Niedersächsischen Hauptstaatsarchivs Hannover (Bestand Hann.82a Herzberg-Harzforst Nr. 1544-1548,Hann.84a Nr.353,356, und Akten des Staatsarchivs Wolfenbüttel (Bestand 50 Neu Nr. 5, 3591 und 3665)

21 Die Königlich Hannoversche Bergwarenhandlung und der Weg der Harzer Bergbauprodukte zum Meer

Vor 1714 besorgten private Pächter den Vertrieb der Bergbauprodukte, von dann an bis zur Auflösung des Königreichs Hannover 1866 geschah dies durch die staatliche Bergwarenhandlung mit Sitz in Hannover. Von den Bergwaren ausgenommen waren Gold, Silber und Eisen. Gold und Silber wurden im Harz vermünzt, während Eisen und Eisenprodukte eine eigene Vertriebsorganisation besaßen.

Laut Berghandlungscommissär Baring (1829) wurden von 1731 bis 1800 insgesamt 3 767 362 Taler Überschuß erzielt, von 1801 bis 1813 nochmals 1 741 130 Taler, von 1820 bis 1829 dagegen nur 180 740 Taler. Außer den Abgaben an die französische Besatzung1806 bis 1813 finanzierte die Bergwaren-Handelsgesellschaft u.a. 1806 den Neubau der Leineschleuse in Neustadt a. Rbg.

Die Verkaufspalette umfasste folgende Produkte: Blei in Form von Stücken, Mollen und Rollen-Bleiglätte („Glötte", Bleioxid) – Bleischrot („Hagel") – Grünes Vitriol (Eisensulfat) – Blaues Vitriol (Kupfersulfat) – Weißes Vitriol (Zinksulfat) – Kupfer, verarbeitet zu Gefäßen – Schwefel – Pottasche – Salpeter – Messing-Schießpulver und Unschlitt. Der Absatz mit dem Hauptprodukt Blei schwankte stark. So musste man 1744 stark unter Preis verschleudern. Dagegen waren 1801 die Lager vollkommen geleert und es war selbst zum dreifachen Preis kein Transportraum erhaltbar, es zeichnete sich wohl die Rüstung für den kommenden Krieg ab. Da Gesamtmengen nicht ermittelbar waren, muß man sich auf Durchschnittsmengen beziehen (in hannoverschen Centnern = 46.7 kg). Laut *Stöber* waren dies für Mollenblei 70 000-120 000 (1832 max.220 000), Rollenblei 500-1000 Ctr., Grünes Vitriol 100-3000 Ctr., Kupfer 1000 (max.6700), Salpeter 1000-1500 und Unschlitt 300-600 Ctr.

Die oberen Beamten des hannoverschen Berghandlungscomptoirs (Büro)

Die Vorgesetzten waren Obercommissäre und Commissäre

Obercommissäre waren: 1737-1757 Burchardi sen.,/1758-1786 nur Commissäre /1786-1803 Burchardi jun./1804-1819 keine Nennung /1820 Stöckmann und Scheele /1821-1852 Scheele/1853-1855 Baring jun./1856-1866 Direktor Wedekind.

Commissäre waren: 1758-1768 Burchardi u. Miller /1769-1771 Burchardi, Miller, v. Rönne /1772-1778 Burchardi, v. Rönne, Richard /1789-186 Burchardi, Richard /1788/93 Richard, Müller /1794 Müller /1795797 Scheele, Baring /1798 -1803 Baring Stöckmann /1804-1818 keine Nennung /1818-1819 Baring, Stöckmann, Scheele /1820-1821 keine Nennung/1822-1824 Langerfeldt /1825. 181832 Langerfeldt, Baring jun. /1833-1839 Langerfeldt, Baring jun., Wöltge /1840-1846 Langerfeldt, Baring jun. /1847-1852 Baring jun. /1853-1855 Wedekind /1858-1866 Grahn.

Der Bergwaren-Handelsgesellschaft gehörten außerdem an: ein Kassierer, 1-2 Schreiber, 1-3 Kopisten und ein Aufseher für den Speicher in Linden.

Das zunehmende Geschäftsvolumen zum Vertrieb der Bergbauprodukte erforderte zuerst 1760 die Anlegung einer selbständigen Faktorei im Linden bei Hannover. Sie bestand bis 1866, wurde aber ab 1838 von der Bergwarenhandlung mitverwaltet.

Ab 1763 bestehende Faktoreien und Vertretungen

in	von/bis	in	von/bis
Altona	1834-1856	Goslar	1763-1866
Amsterdam	1763-1865	Hamburg	1764-1866
Antwerpen	1831-1865	Harburg	1850-1854
St. Andreasbg.	1763-1865	Le Havre	1833-1864
Berlin	1833-1866	Lübeck	1763-1866
Braunschweig	1763-1843	Lüneburg	1763-1859
Bremen	1763-1866	Magdeburg	1763-1866
Clausthal	1763-1822, 1854-1866	Münden	1834-1866
Cl.-Zellerfeld	1823-1853	Osnabrück	1835-1866
Celle	1763-1853	Osterode	1780-1853
Frankfurt a.M.	1824-1866	Rotterdam	1795-1865
Geestemünde	1852-1853	Zellerfeld	1763-1822

Der Berghandlungsverwaltung waren folgende **Fabrikfaktoreien** unterstellt: die Glashütte in Bremerförde (1763-1789); die Messinghütte und der Kupferhammer in Oker (1763-1839); die Pulvermühle in Lautenthal (1763-1835); eine Messingfabrik in Reher (1763-1845); eine Sensenfabrik in Liebenau (1768-1806) und in Uslar eine Pottaschefabrik und ein Kupferhammer 1763-1829) bzw. (1763-1829).

Zeitweilig bestanden Warenlager der Bergwarenhandlung in Eisleben, Nürnberg, Regensburg und Ülzen, in Frankreich gab es Lager in Bordeaux, Bayonne, Marseille, Morlaix und Rouen sowie im weiteren Südeuropa in Cadiz, Genua und Venedig.

Der Weg der Güter über Land - Fuhrlöhne

Zuerst ging der Transport der Bergwaren von den Hütten zu den Sammelplätzen in den Faktoreien in Goslar, Osterode und zum Lager in Langelsheim. 1810 wurden 6697 Taler an Fuhrlohn von den Unterharzer Hütten (Juliushütte, Frau-Marien-Saigerhütte, Frau-Sophienhütte u.a.) nach Goslar gezahlt, wobei noch nicht alle Wege- und Chausseegelder enthalten waren. Wiederum gingen ab Goslar Bergwaren zu dem für Norddeutschland günstiger gelegenen Lager in Langelsheim. Hier erhielt z.Bsp. der Fuhrherr *Heinrich Werner* 1830-1840 jährlich 1400-2000 Taler für Pferdefuhren.

Von den Oberharzer Hütten in Altenau, Clausthal und Lautenthal zahlte man nach Goslar und Osterode um 1845 für eine Tonne Bleiglätte 10-14 Groschen und pro hannoverschen Ctr. Vitriol 2 Groschen und 6-8 Pfennige. Zehn Jahre zuvor war der Fuhrlohn nur halb so hoch gewesen.

Bekannte Fuhrleute für diese Wege waren 1840-1860 *Moritz* und *Mühle* (Lautenthal), *Seifert* (Altenau) sowie der schon genannte Werner, der Sohn des Langelsheimer Lagerleiters *Wilhelm Werner*. Wegen der steilen Wege betrug hier die Last für vier Pferde nur 30 Ctr.

Für die Transporte von den Sammelplätzen zu den Zielorten können keine Gesamtmengen, sondern nur Teilmengen genannt werden, so 1782 38 628 Ctr.(1803 t), 1816-1825 15 303 Ctr.(714 t), 1830-1835 230 462 Ctr. (10 762 t), also sehr unterschiedliche Mengen. Die Frachten wurden von bevorzugten Fuhrunternehmern befördert. Dies waren z.Bsp. für Frachten ab Osterode in das Innere Deutschlands um 1750 11 Unternehmer aus Osterode, Förste, Eisdorf, Lasfelde und Herzberg. Richtung Norddeutschland wurden 1826 genannt. Fuhrmann *Stümmel*, der jeweils nach Hildesheim und Hannover 12mal im Jahr fuhr, die Fuhrleute *Gebr. Ernst* fuhren mit 35 Ctr. Ladung 64 Mal pro Jahr nach Hannover und 27 Mal nach Bremen.

Gern gesehen waren Rückfrachten, ab 1835 Koks aus Obernkirchen, um1860 aus Hannover. Wegen extremer Belastung der Wagen beschränkte man 1854 die Bleilast auf 25 Stück = 2100 kg. Die Fuhrlöhne schwankten nach Marktlage, man zahlte z.Bsp. pro Ctr. Ladung von Goslar nach Hildesheim 6, nach Hannover 8, nach Bremen 14 und nach Lüneburg 16 Groschen.

Der Bergwarenspeicher in Linden und die Schifffahrt nach Bremen

Ein früher Lagerplatzexistierte westlich des damaligen Hannover kurz vor dem Zusammenfluß von Leine und Ihme als sogen. „Stapel". 1752 verlegte man den Lagerplatz an die wasserreiche Ihme (Nebenfluß der Leine). 1753 wurden hier ein fünfetagiges Lagerhaus, dazu Neben- und Wohngebäude errichtet. Anfangs besorgte ein kleiner Kran das Laden und Löschen, ab 1821 ein größerer Kran mit 5000 Pfund Kapazität. 1867 wurde der Betrieb aufgelöst und man vermietete an fremde Unternehmer zu Lagerzwecken bis zum Abriß des Speichers kurz nach 1900 wegen Baufälligkeit.

Abbildung 33: Zeichnung des Bergwarenspeichers an der Ihme in Linden

Frühe Bemühungen um die Schifffahrt auf der Leine fanden schon 1576 statt, als Herzog Julius die Gande, einen östlichen Nebenfluß der Leine, erkunden ließ. Später beantragte 1746 der Elvershäuser Flößer *Lüdecke,* Blei als Beiladung auf Rhume und Leine mitzuführen.

Der Schiffsverkehr setzte 1720 nach dem Bau der Herrenhäuser Stauschleuse und des Schleusenkanals ein. Die Leine bot Schwierigkeiten durch enge Flußschleifen, Sandbänke und versunkene Baumstämme, was ein ständiges Aufräumen erforderte. Wegen ihres unregelmäßigen Wasserstandes nutzte man Regenwetter und den Schwall der geöffneten Stauschleuse aus. Eine weitere Schleuse umging das felsige Gefälle bei Neustadt am Rübenberge.

Ähnliche Schwierigkeiten hatte auch die Aller. Für beide Flüsse wurden für 1747-1779 und für 1831-1844 insgesamt zehn Havarien genannt, von denen hier drei beschrieben werden sollen:

1755 kenterte ein Schiff des Bremer Unternehmers *Feldhausen* durch unsachgemäße Beladung am Lindener Speicher; 1839 sank ein Schiff des Winsener Schiffers *Holtzmann* in der Leine bei Averhoy durch Auflaufen auf gesunkene Hölzer und 1844 geriet ein Schiff des Lindener Unternehmers *Mattfeldt* in Brand und ging unter. In allen Fällen barg man sehr schnell die Bleiladung wegen Diebstahlsgefahr.

Man benutzte folgende Schiffstypen: sogen. Böcke von 34-36 m Länge und 60 t Ladung, Achterhänge mit 31-34 m Länge und 50-60 t Ladung sowie Bullen mit 22-25 m Länge und 16-20 t Ladung. Ein solcher Schiffszug – Mast genannt – stellte, wenn vollbeladen, einen Wert von 3300 Talern dar.

Hier die Ladungen einiger Zeitabschnitte (in hann.Ctr.): 1816-1825 485 Bleiglätte, 15 134 Mollenblei, 169 Rollenblei, 50 Bleischrot (Hagel), 218 Vitriol und 136 Zink; 1830-1835 1580 Bleiglätte, 229 932 Mollenblei und 530 Rollenblei.

Es wurden für die Jahre 1750-1857 die Herkunft der Schiffer genannt aus: Bremen 11, aus Winsen (Aller) 5, aus Linden und Hannover 6 und je einer aus Ahlden, Neustadt a. Rbg., Hoya, Intschede, Westen, Morsum und Thedinghausen.

Der Weg der Bergwaren nach Bremen führte nicht nur über Linden bzw. Hannover, sondern auch ab Celle allerabwärts Der Celler Faktor *Lampe* war 1772 angewiesen worden, die einheimischen Schiffer zuerst mit Fracht zu versehen. Er begünstigte aber oft Schiffer aus Bremen, bis die Verwaltung der Bergwarenhandlung ernsthaft drohte, ihm das Faktorenamt zu entziehen. Geringe Mengen an Bergwaren gingen als Beiladung ab Bodenfelde weserabwärts

Der Weg der Bergwaren nach Hamburg und Lübeck

Ein Schifffahrtsweg führte von Bremen nach Hamburg über Unterweser, Nordsee und Unterelbe. 1749 transportierten hier die holländischen Schiffer Jansen, Rouwehl, Sondag und Eibes zusammen 1400 Stück „Loot" (Blei). Ein frei aus dem Niederländischen übersetzter Abschnitt des Frachtvertrages besagte: „Ich, Luitje

Eibes aus Stapburg, Eigner des Schiffes 'Drie Gebroeders' zur Zeit liegend vor Bremen, will mit dem ersten guten Wind, den Gott mir verleiht, nach Hamburg segeln, wo meine richtige Entladung sein soll. Ich bekenne, dass ich für den Auftrag von Hermann Frehse (Bremer Faktor) über 12 Last von 480 Stück Loot für 6 Mark pro Last drei Connossemente unterschrieben habe".

Man musste an der Unterelbe den Stader Wasserzoll entrichten, dieser betrug für die vier holländischen Schiffer zusammen für diese Fahrt 1749 185 Taler.

1780 brachten die Schiffer Gebr. Schmidt, Kleine, Wulbrand und Hustede 1900 Stück Blei nach Hamburg, im gleichen Jahr Schiffer Dreyer nochmals 500 Stück.

Ein anderer Weg von Linden nach Hamburg führte über Land nach Lüneburg, von dort über die Ilmenau und die Elbe zum Zielort. Den Transport ab Lüneburg besorgten Schiffer aus Bardowiek, die sogen. Böteschiffer.

Ein dritter Weg führte über Land nach Magdeburg und elbabwärts nach Hamburg. Er war ein großer Umweg und abhängig vom Wasserstand der Elbe.

Der Schifffahrtsweg nach Lübeck führte ab Lüneburg zur Elbe oder ab Hamburg elbaufwärts, wobei man hier den Esslinger Zoll von Zollenspieker (Zollspeicher) bezahlen musste. Sodann ging es durch den alten Stecknitzkanal, dem Vorläufer des Elbe-Trave-Kanals nach Lübeck. Unterwegs zahlte man nochmals den Lauenburger Zoll, hier pro Schiffslast (2000 kg) 6-9 Groschen je nach Warenart.

Übers Meer nach Holland und Übersee

Ab Bremen gingen Transporte von Bergwaren über die Nordsee nach Amsterdam und Rotterdam. In den schlechten Absatzjahren ab 1740 sammelten sich in den dortigen Faktoreien große Bleimengen an, so 1741 in Amsterdam 27 000 Stück Mollenblei. Auch konnte Faktor Texier 1744 nur 2000 Stück Blei für je 22 flämische Mark weit unter Preis verkaufen. 1792 war dagegen ein gutes Absatzjahr, als man 7545 Stück zu 100 Pfund für je 35 Gulden verkaufen konnte. 1743 verkaufte man raffinierten Salpeter im Wert von 12 000 Talern an die niederländische Ostindische Compagnie. Der Weg nach Holland barg auch Gefahren. 1821 strandete Schiffer Bartels bei Norden; von der Bleiladung von 400 Stück konnten 366 Stück geborgen werden.

In Kopenhagen war wenig verkaufbar, ebenso in England mit Ausnahme der Jahre 1768-1772, als die Londoner Handelsgesellschaft Dorrien, Mellow und Co. 1294 Ctr. Vitriol absetzte.

Einiges wurde nach Indien und China verkauft, als 1827 der Hamburger Faktor *Jaques* an Forbes u. Co. in Bombay 200 Stück Krätzblei mit dem Schiff „Valleyfield“ lieferte.

1827-1829 fuhr das Hamburger Schiff „Asia“ unter Kapitän Allen mehrfach mit Bleiladungen nach China, wo sie die Firma Thomas Fox u. Co. in Kanton in Empfang nahmen.

Ein Schiff mit Blei an Bord sank 1829 bei der Insel Luban. Außerdem ist belegt, dass das Handelshaus Schwemann u. Co., welches in Kanton die Bergwarenhandlung vertrat 1849 300 Stück Blei für 6000 Dollar absetzte.

Der Beginn des Eisenbahnzeitalters

Schon 1826 reichte der Ingenieur-Obristleutnant Prott, später Leiter des hannoverschen Eisenbahnbaus, einen Plan zum Bau einer Eisenbahnlinie zwischen dem Harz und Hannover mit mögliche Verlängerung über Celle nach Lüneburg ein. Sein Plan lehnte sich an die bestehenden Bergwerksbahnen an (aus dieser Zeit stammt der noch heute gebräuchliche Ausdruck Gestänge für Gleise).Obwohl Prott für jährlich 185 000 Ctr. Fracht incl. Eisen einen Gewinn von 39 600 Talern errechnete, schreckten die hohen Baukosten ab und sein Plan wurde abgelehnt. So dauerte es dann bis 1838, als der Bau der ersten deutschen Staatsbahn von Braunschweig nach Wolfenbüttel begann, der 1843 fertig wurde.

Abbildung 34: Lokomotive „Swift“ der Braunschweigischen Staatsbahn 1838

Das Königreich Hannover musste zwangsläufig mit dem Bahnbau ab 1843 nachziehen. Der erste Güterverkehr begann ab 1840 ab Vienenburg,: 1850 gingen von Vienenburg nur 24 Ctr.

Fracht ab, von Hildesheim auch nur 40 Ctr. Man vertraute eben immer noch auf Straße und Schiff, zumal 1850 Pferde- und Schiffstransport noch einen Frachtkostenvorsprung besaßen

Dieser wurde aber bald durch massive Preisnachlässe der Bahn (20 % bei 100 00 Ctr.) aufgezehrt und ab 1852 ging der Vergleich zwischen 'Pferdefuhr' und 'Dampffuhr' deutlich zu Gunsten des Bahntransports aus.

Der Bahntransporttarif pro Meile in Pfennigen stand 1852 bei Blei pro Stück (100 Pfund) in Pferdefuhr bei 6,9 Pfg., im Bahntransport bei 2 Pfg., bei Kupfer und Bleiglätte (in Ctr.) lag der Tarif bei 6,5 bzw. 2 Pfg.

Der Bahntransport übernahm folglich die Führung auf den Hauptstrecken und bald auch auf den Nebenstrecken.

Literatur und Quellen

G. Gebhardt: Die Bergwarenhandlung und ihr Speicherhof an der Ihme, in: Zeitschrift Heimatland Nr.5 (1994)

M. Stöber: Die hannoversche Bergwarenhandlung im 18. und frühen 19. Jahrhundert ; in: K.-H. Kaufhold: Bergbau und Hüttenwesen in und am Harz (1991)

-,-:Die Königliche Hannoversche Berghandlung und ihr Handel in der 1.Hälfte des 19.Jahrhunderts, in: K-.H. Kaufhold u. M. Denzel: Der Handel im Königreich Hannover 1780-1850 (2000)

-,- Aus Goslars Gebirge in die weite Welt, die Berghandlung von der Mitte des 17.Jahrhunderts bis 1867; in: R. Rosenheck(Hg.): Der Rammelsberg, 1000 Jahre Mensch, Natur, Technik (2001)

Hannoverscher Staatskalender 1736-1867

25 Akten des Niedersächsischen Hauptstaatsarchivs Hannover (Bestand Hann.84c).

22 Harzer Eisen auf dem Weg zu den Sollinghütten und zur Weser

Der im Solling abgebaute Eisenstein reichte nicht in Menge und Qualität zur Versorgung der Sollinghütten in Uslar. Auf der anderen Seite gab es im Harz oft Holzkohlemangel wegen der überbeanspruchten Wälder. Es erfolgten deshalb Lieferungen von Roheisen und Eisenstein zu den Sollinghütten und Rücktransporte von Holzkohle. Diese Zusammenarbeit wurde von der Harzer Eisenhüttenadministration gesteuert.

Abbildung 35: Sollinger Hütte (Uslar), Lithographie von W. Eichholdt 1840

Die im Solling und im Harz erzeugten Eisenwaren wurden zu einem erheblichen Teil zur Faktorei in Bodenfelde transportiert und dort auf der Weser verschifft.

Aus diesem Grund ist dieser Beitrag in zwei Abschnitte gegliedert: a. Eisen- und Kohletransporte zum bzw. vom Solling und b. Die Eisenfaktorei Bodenfelde und die Eisenwarentransporte auf der Weser.

a. Lieferungen von Eisen zum Solling

Umschlagplatz für Eisen und Holzkohle war der jeweils 30 km etwa auf halbem Weg zwischen Osterode und Uslar liegende Kohlenhof in Moringen.

Der Sammelplatz in Osterode

Hier in der Eisenfaktorei von Osterode wurde das sogen. Provianthaus als Lager für Eisenstein und Roheisen genutzt. Der Eisenstein stammte aus Lerbach und Elbingerode. An Lerbacher Gruben sind bekannt: Mühlenberg, Blauer Busch, Breiter Busch, Blaue Lilie und Friedrichszeche. Weiterhin wurde hier auch Roheisen und Eisenhalbzeug wie Bleche, Krauseisen, Stabeisen und Zerrenneisen gelagert

An Verwaltern (Faktoren) wurden genannt: 1746 Gröning, 1756 Eichhorn, 1776 Stiel, 1783 Wiemann, 1791 Grund. Die Verwalter übten außerdem Aufseherdienste im Kornlagerhaus aus.

Der Fuhrbetrieb und der Verdienst der Fuhrleute

Sowohl im Harz als auch im Solling waren zahlreiche Fuhrleute dringend auf den Lohn aus Eisenstein- und Holzkohlefuhren angewiesen. Sie richteten oft Anträge an die Bergverwaltung, ihnen Fuhren zuzuteilen.Im Raum Osterode und Südharz stammten diese Fuhrleute aus den Dörfern Dorste, Barbis, Bartolfelde, Hörden, Hattorf und auch Elbingerode.

1746 wurden namentlich genannt: aus Hörden Oppermann, Kahle, Wedemeyer, Reinhard und Kunstmann; aus Hattorf Lohrengel; aus Scharzfeld Wehmern und Lüdecke; aus Elbingerode Lange und Becker. Die Transporte im Solling vom und ab dem Kohlenhof Moringen wurden von einheimischen Köthers (Kötnern) ausgeübt. 1757-1760 wurden 35 Fuhrleute aus Eschershausen, Delliehausen, Volpriehausen, Dinkelhausen, Sohlingen, Schlarpe und Lichtenborn genannt.

Der Transport von Eisenstein von Osterode nach Moringen mit vier Pferden dauerte zwei Tage und kostete 1750 durchschnittlich zwei Taler, die Rückfracht an Holzkohle einen Taler pro Fuder an Ladung. 1823 zahlte man pro Fuder für die Strecke Osterode- Moringen 2 Taler und 32 Groschen, für die Strecke Osterode-Uslar 5 Taler und 4 Pfennige. Wenn man dann die Wegegelder und das Geld für das Pferdefutter abzog, verblieb den Fuhrleuten wenig. In manchen Fällen konnten sie ein Hafergeld beantragen.

Die Wagen trugen ein Fuder Eisenstein (1-1,3 t). Die Beanspruchung ruinierte die Körbe so stark, dass die Verwaltung in den Jahren 1763-1786 Vorschüsse zum Kauf neuer Körbe zahlte. Durch auf dem Transport auftretenden Verluste durch Trocknung und Abrieb (Krimpfe) erlitten die Fuhrleute Schäden, die bei Nachweis mit einer Vergütung ausgeglichen wurden. Die Verdienstmöglichkeiten der Sollinger Fuhrleute von den Eisen- und Eisensteinsfuhren war so stark, dass sie, um Futter zu sparen, im Herbst ihre Pferde verkauften und im Frühjahr wieder kauften.Deshalb bat Köhlermeister Schormann 1858 im Namen aller Delliehäuser Fuhrleute dringend um neue Fuhren, die schon lange ausgeblieben waren.

Über die Transportwege und deren Reparaturen

Die Straßen des 18.und 19.Jahrhunderts waren Steinschlagwege, deren Belag durch die Belastung schnell zermalmt wurden.Es bestanden an mehreren Stellen Barrieren, an denen Wegegelder erhoben wurden. So musste jemand, der Eisenstein von Lerbach nach Uslar brachte, folgende Zahlungen für eine Wagen mit vier Pferden für die Strecke bis Northeim entrichten: in Lerbach ein Chausseegeld von 4 Groschen, in Osterode 9 Pfennige Zoll, in Dorste 3 ½ Groschen Chausseegeld, in Hammenstedt und Northeim ein Pflastergeld von je 1 Groschen und 6 Pfennigen. Der Rückweg war dann etwas billiger.

Als die Straße von Osterode nach 1738 hinfällig war, empfahl der Kommissar Schorkopf, die alte Heerstraße an der Rhume liegen zu lassen und dafür eine neue Straße am sogen. Clus-Ufer bis zur Grenze des Amtes Katlenburg zu legen. Der Anschlag dafür von 366 Talern wurde dann auch mit 375 Talern tatsächlicher Kosten fast eingehalten (heute sehr selten!).

Alle paar Jahre waren „Wegebesserungen“ fällig und es wurde um die Kosten gestritten. Wenn sich die Städte Northeim oder Uslar weigerten, musste die Harzer Bergwerkskasse oder die „Wegebesserungskasse“ der Regierung einspringen. Manchmal zahlten auch die Sollinghütten, so 1831, als sie für die Reparatur der Straße Moringen-Hardegsen 300 Taler hergaben.

Der Kohlenhof in Moringen

Der sogen. Kohlenhof in Moringen bestand von seiner Errichtung 1716 bis zu seinem Verkauf 1865.Zeitweilig war er nach 1823 verpachtet und anderweitig genutzt.

Er befand sich auf dem Grundstück Nienhagener Straße Nr. 1. Seine Aufgabe war Lagerung bzw. Weitergabe von Eisenstein und Holzkohle an die Königlich Hannoverschen Eisenhütten in Uslar und im Harz.

Als Verwalter wirkten hiervor 1760 der Kohlenschreiber Achilles, es folgte Bethe, nach 1800 Eisenfaktor Reißner und ab 1831 Eisenfaktor Meyer. Genannter Meyer wurde 1839 vom Oberbergmeister Heering angegriffen, dass Meyers Zulage von 150 Talern ungerechtfertigt wäre, weil dieser nur Lohnzettel anweise.

Im Moringer Kohlenhof spannten die Fuhrleute aus, genossen Bier und Branntwein und übernachteten wohl auch. Die Wirte von Moringen beklagten sich 1737 bitter über den Kohlenschreiber Achilles und dessen „Aussellen“ (Verkauf) von Bier und „ Brandtwein“.

Achilles erwiderte, dass die Fuhrleute das Recht hätten, wo sie wollten. Auch 1793 wurde mit den gleichen Argumenten der Kohlenschreiber Bethe angegriffen. Bethe berief sich darauf, dass die Fuhrleute Stallgeld zahlten und eigene Nahrung und Getränke verzehrten.

Mengenangaben von Transportgütern

Vom 28.Juni 1760 bis zum 7.Juli 1762 fanden 62 Fuhren von Osterode nach Moringen statt, allerdings ohne Mengenangaben. Für die Zeit der Jahre 1746-1780 verglich man die Mengen an Eisenstein, die zwischen Osterode, Moringen und Uslar befördert worden waren. Man errechnete einen Gesamtverlust von 6758 Fudern (ca.8800 t), der durch Fehlmessungen und Krimpfe (Abrieb) entstanden sein konnte.

1765 hatte man auf den Sollinghütten in Uslar 503 Fuder Eisenstein auf Vorrat, der dann noch anwuchs. So war man 1788 in der Lage, der Eisenhütte Dassel mit 200 Fudern Eisenstein auszuhelfen. Der Vertrag mit dem Dasseler Hütteninspektor Bode besagte, dass man jährlich je 160 Fuder zum Preise von 1 Taler 18 Groschen pro Fuder nach Dassel liefern wolle Der Eisenstein dieser Jahre stammte aus der Lerbacher Grube „Blaue Lilie“. Um 1826 lag der Hochofen in Uslar oft still und es gab auch keine Eisensteinsfuhren mehr nach dort.

Außer Eisenstein wurden von den Harzer Hütten Roheisen für Frischfeuer und Cupolofen

nach Uslar geliefert. So bezogen die Sollinghütten 1838 von der Rothenhütte 8000 Ctr. Roheisen. Ein Boom trieb 1853 den Eisenpreis pro Ctr. von 1 Taler 8

Groschen auf 4 Taler 2 Groschen hoch, so dass die Harzer Hütten kein Eisen erübrigen konnten. Ebenfalls 1853 trat ein solcher Fall, so dass die Sollinghütten ihren Bedarf an Roheisen aus Schottland über den Hafen in Bremen decken mussten. Der Harz lieferte 1858 insgesamt 27 215 Ctr. Roheisen, davon 2515 Ctr, aus Lerbach, 17 655 Ctr. von der Rothenhütte, 3614 Ctr. von der Königshütte (Lauterberg) und 4431 Ctr. von der Teichhütte Gittelde.

Eine weitere Nachricht vermerkte 1865 noch 4345 Ctr. Alteisen der Königshütte und 2300 Ctr. aus Lerbach.

b. Die Eisenfaktorei Bodenfelde und die Eisenwarentransporte auf der Weser

Baubeschreibung und Inventar

Die erste Meldung über den Betrieb des sogen. „Ablagers“ Bodenfelde stammte von 1742 über den Bau einer Eisenkammer, also eines Magazingebäudes, zum Preis von 189 Talern. Die Verladestelle an der Weser wurde auch als Schlagd bezeichnet (von Einschlagen der Pfähle). Das Lagerhaus wurde 1761 wie folgt beschrieben als ein Gebäude von 30 x 20 Fuß mit einer Säulenhöhe von 14 Fuß. Es bestand aus Eichenfachwerk, das mit rauen Mauerziegeln und Kalk ausgefüllt war. Das Dach war mit Sollingsandstein gedeckt und die Giebel waren mit Buchenholzbrettern verkleidet. Das Innere des Hauses war in gemauerte Fächer unterteilt.

Am Ufer befand sich eine „beschlagene Machine“ zum Verladen der „Gänse“ (Gußstücke) und in einem Wägehaus eine Schalenwaage, dazu drei Bäume zum Befestigen der Waage. 1825 wurde eine neue Winde angeschafft. Bis 1863 wurde die Schlagd regelmäßig für die Verladung von Eisenwaren genutzt und baulich unterhalten, doch danach wurden nur andere Güter verladen.

Personelles

Der Hannoversche Staatskalender benennt folgende Verwalter, die z.T. als Aufseher, z.T. als Faktoreischreiber bezeichnet werden:

1747-1762 Johann Christoph Schaafs (mit 48 Taler jährlichem Gehalt)

1762-1790 Heinrich Ernst Schaafs (er zahlte 500 Taler Kaution).

Von 1791 bis 1800 ist ein Schaafs ohne Vornamen genannt, wohl der Sohn des Vorgängers; es folgte 1801-1822 Carl Friedrich Schaafs. Dieser musste 1822 wegen erwiesener Veruntreuung
den Dienst quittieren und geriet in den Konkurs. Ein Prozeß um seine hinterlassenen Schulden dauerte bis nach 1830.
1823 wurde der frühere Schiffer Friedrich Müller als Aufseher mit einem Jahressalär von 160 Talern angestellt. Ihm folgte 1848-1863 sein Sohn Friedrich Müller jun.

Der Schiffsbetrieb

Da die Hüttenbeamten außer ihrer Hauptarbeit nicht noch den Schiffsbetrieb organisieren konnten, wurde dieser von Spediteuren vorgenommen, die Verträge mit Schiffern schlossen. In Bodenfelde wurden die Eisenwaren aus den Sollinghütten zusammen mit den Produkten der Stricker Eisenhütte aus dem Waldeckschen verladen. Die Stricker Eisenhütte hatte Verträge Waren mit der Harzer Bergverwaltung geschlossen und brachte ihre über ein Zwischenlager in Beverungen nach Bodenfelde. Dadurch wurden Bedarfsfälle ausgeglichen.

Der Hauptverkehrsweg der Eisenwaren ging flussabwärts bis nach Bremen, aber auch flussaufwärts über Hann. Münden auf der Werra nach Hessen.

Meng an Ladung und ihr Preis waren abhängig vom Wasserstand, denn geringer Wasserstand verringerte die Ladungsmenge. So zahlte man z.Bsp. 1778 auf der Strecke Bodenfelde-Bremen für den Ctr.(hann. Centner = 46,8 kg) bei Normalwasser 7 Mgr.(Mariengroschen), bei Niedrigwasser 11 Mgr.

Trotz Schwierigkeiten war der Wasserweg billiger als der Landweg. 1780 kostete der Ctr. Eisen der Rothehütte auf dem Landweg nach Hannover 30 Mgr., der Ctr. Eisen der Sollinghütten von Bodenfelde über Hameln nach Hannover nur 18 Mgr.

In Betrieb waren die Schiffstypen Bock, Achterhang und Bulle mit max. 60,50 und 20 t Ladekapazität. Diese drei Schiffe ergaben einen Schiffszug, die sogen. „Mast“, deshalb genannt, weil das vorderste Schiff, der Bock, einen Mast besaß, an dem die Schleppleine befestigt war.

Indes wurden für die Eisentransporte keine Schiffszüge, sondern nur ein oder zwei Schiffe benötigt. Es gab Eisen meist als Beiladung zu allen möglichen Waren, selten als alleinige Ladung. Die Besatzung pro Schiff bestand aus 2-3 Mann für volle Schiffszüge aus max.8 Mann.

Die Eigner der Schiffe stammten aus vielen Orten an der Weser, viele aus Hann. Münden. In Hann. Münden bestand im 18.und 19.Jahrhundertr die „Mündensche Niederfuhr-Reiheschifffahrtsgesellschaft“ als Vereinigung der Mündenschen Schiffsbesitzer. Der Amtmann Brunsich des hannoverschen Amts Nienover drohte den Mündener Schiffern, die Eisenladung an Land bringen zu lassen, wenn sie darauf bestünden, alle Waren bei Bergfahrt nur in Münden auszuladen.

Art und Menge der in Bodenfelde umgeschlagenen Eisenwaren

Über die Warenpalette der Sollinghütten:

Man unterschied Gußwerk, Stabeisen und Zaineisen (auch Krauseisen). Das Gußwerk war in 6 Gattungen unterteilt (ab 1830 in 11 Gattungen.). Zur 1.Gattung zählten Öfen verschiedener Art, zur 2.Gattung Ofenteile zur 3. Gattung Gußteile für das Gewerbe.

Von der 1. Gattung lieferte man z.Bsp 1858. an die Bremer Handelsfirma Oetling 43 Querwindöfen, 4 Windsäulenöfen und 2 Querhalsöfen.

Das Stabeisen war in 5 Gattungen unterteilt, das Zaineisen in 3 Gattungen. Unter Zaineisen verstand man flache, durch Hammerschlag aufgeraute Eisenstangen, die zu Nägeln und Draht weiterverarbeitet wurden.

J. Mex verglich für 1765-1805 im Abstand von 5 Jahren die Absatzmengen an Gußwaren und Stabeisen, die in Uslar und Bodenfelde verkauft wurden. Von der jährlichen Durchnittsmenge für 9 Jahre an Gußwaren von 9614 Ctr. wurden 69 % in Bodenfelde abgerufen. Bei Stabeisen lag der Durchschnitt von 9 Jahren bei 64 686 Ctr., wovon in Bodenfelde 79 % der Gesamtmenge abgesetzt wurden. Das bedeutet, dass 70-80 % der in den Sollinghütten erzeugten Eisenwaren über Bodenfelde lief.

Von der Gesamtmenge an Gußwaren und Stabeisen von 78 750 Ctr. (Jahresdurchschnitt) macht das Stabeisen 82 % aus (64 866 Ctr.).

Weitere Eisenmengen wurde für 1817-1839 aus dem Bodenfelder Lagerbuch ermittelt. Als Gesamtmenge wurden in dieser Zeit 144 857 Ctr. über Bodenfelde verkauft (durchschnittlich 6584 Ctr. pro Jahr). Davon betrug der Anteil an Gußwerk 10-17 %, des Stabeisens 77-83 % und des Zaineisens 6-11 %.

Zollsachen

Als Beispiel möge eine Zollliste vom 24. 10. 1751 dienen. Für eine Lieferung von 1540 Ctr. Gußwaren zahlte man an den Stationen bis Nienburg – in Gieselwerder, Rumbeck und Rinteln (Hessen) 28 Taler 20 Gr., in Flotha (Vlotho), Haus zum Berg (Hausberge), Minden, Petershagen und Schlüsselburg (Brandenburg/Preußen), 55 Taler 16 Gr. in Erder (Lippe) 16 Taler 2 Gr. Summe 100 Taler 2Gr

Bei dieser Reise blieb die Ladung an den hannoverschen Stationen unverzollt.

Eine weitere Fahrt mit 6659 Ctr. Ladung bis Holzminden kostete 81 Taler 1 Gr.an Zoll. 1788 war die Zahl der Zollstellen auf 22 angestiegen. Es waren dies vom Münden bis Bremen Münden, Lauenförde, Polle, Grohnde, Ohsen, Hameln, Stolzenau, Landesbergen, Nienburg, Hoya, Intschede und Dreye (Kurfürstentum-Hannover), Gieselwerder, Rumbeck, Rinteln (Hessen), Erder (Lippe), Vlotho, Hausberge, Retershagen, Schlüsselburg (Preußen), Holzminden (Braunschweig) und Beverungen/Herstelle (Bistum Paderborn).

Etliche Schiffer betrogen die hannoverschen Zöllner, indem sie ihre Waren mit Eisenwaren der Sollinghütten bedeckten, die an den hannoverschen Zollstellen frei passieren konnten.

Die vielfachen Zahlungen behinderten natürlich die Schifffahrt, aber am 10.2. 1759 beschied die hannoversche Bergverwaltung die für die Sollinghütten tätigen Schiffer, sie hätten sich mit ihrem „Froust" über die preußischen Zölle abzufinden.

Die Weserschifffahrtsakte von 1823 hob alle Wasserzölle auf, was vieles vereinfachte.

Literatur und Quellen

Zu Teil a: 27 Akten des Niedersächsischen Landesbergarchivs Clausthal-Zellerfeld (Ältere Signaturen Fach 1357-1572)

Zu Teil b.

G. Gebhardt: Über die Lieferungen von Harzer Eisenstein und Roheisen zu den Sollinghütten, in: Unser Harz, H. 12 (2005)

J. Mex: Der Kurhannoversche Eisenhüttenverbund 1765-1806 und sein Markt (2002)

Hannoverscher Staatskalender 1737-1880

13 Akten des Niedersächsischen Hauptstaatsarchivs Hannover (Bestände Cal. Or., Hann. 2a, Hann. 74 Uslar, Hann.80 Hildesheim, Hann.95, Hann. 195 Acc.40/92 und 42/92, Hann. 196 Münden

15 Akten des Niedersächsischen Landesbergarchivs Clausthal-Zellerfeld (Bestände Hann. 84 a, Hann. 84 a Acc.7 und 8.

Weitere Wirtschaftsbetriebe

23 Die Ziegelei Düna

Im Oberharz sind nur geringe Tonvorkommen anzutreffen, so dass hier nur die Harzziegelei bei Buntenbock kurzzeitig betrieben wurde. Nahe der Ortschaft Düna, früher nur Domäne, arbeitete an der Straße Ostrode-Herzberg von 1676 bis 1915 eine Ziegelhütte.

Hauptprodukte waren hier Dachziegel (zumeist nur Ziegel genannt) und Mauerziegel (Barnsteine), außerdem wurde Kalk gebrannt.

Bierkamp nennt 1982 in *„Ein Beitrag zur Geschichte des Dorfes Düna"* folgende Betreiber bzw. Besitzer: 1676 Andreas Rettstadt, 1745 Adam Feuerriegel, 1764 Johann Klingspor, 1794 Heinrich Klingspor, 1806 Johann Heinrich Pape, 1839 dessen Söhne Karl Heinrich Pape und Georg Christian Pape, 1869 Friedrich Marienhagen, 1895-1915 Robert v. Werner. Marienhagen war nicht vom Fach und musste einen Brennmeister anstellen, v. Werner verpachtete 1910 an August Dietrich.

Bierkamp deutet außerdem die Gründung der Ziegelei im letzten Drittel des 16.Jahrhunderts an, die aber nicht belegbar ist. Es kann hier nur aus einem kleinen Aktenbestand für die Jahre 1726-1869 berichtet werden.

1724/25 hatte man nach langer Stillstandzeit die Anlagen wieder erneuert. Darunter fiel der Bau eines neuen Trockenhauses für 148 Reichstaler. In den Jahren 1726 und 1727 stellte man dann 133 979 Stück Ziegel her, wovon 68 584 Stück Dachziegel waren. Aber schon 1733 war man ins Minus geraten, was der Herzberger Amtmann Nanne dem Pächter, dem „gottlosen Bauvoigt Schornstein" anlastete.

Amtmann Nanne übernahm die Ziegelei selbst und stellte 1736 4500 Dachziegel und 2000 Mauerziegel her, was nur 11 Taler und 19 Groschen Überschuß einbrachte.

Die Forstverwaltung lieferte laut Vertrag jährlich 100 Klafter (1 hannoverscher Klafter = 3,59 cbm) minderwertiges Eichen- und Buchenholz.

1764 richtete man als Anbau an das Brennhaus eine Töpferei ein. Die Ziegelei Düna übertraf in der Produktion der nahen Betriebe in Barbis und Osterhagen bei Weitem.

Weitere Nachrichten kommen erst 1802, als der Pächter Heinrich Klingspor einen neuen Vertrag mit dem Amt Herzberg abschloß.Er war verpflichtet, alle Materialien und Werkzeuge auf eigene Kosten in Stand zu halten. An Pachtgeld bezahlte er jährlich 120 Reichstaler, für 100 Klafter „abständiges“ Holz 20 Reichstaler sowie 9 Reichstaler Akzise. In der Pachtgeldsumme auch der Torfstich auf 4 hannoversche Morgen (1 Morgen = 0,26 ha)an der Mönchsbreite enthalten Der Pächter war berechtigt, von Privaten pro 100 Dachziegel 31 Mariengroschen und pro 100 Mauerziege 30 Mariengroschen zu verlangen, musste aber bei Lieferungen an die herrschaftliche St. Andreasberger Silberhütte eine Minderung auf 27 bzw. 24 Mariengroschen akzeptieren.

1806 war unter dem neuen Pächter Johann Heinrich Pape der Bau eines neuen Wohnhauses und eines Trockenhauses fällig, was dann 1296 Reichstaler kostete.

1817 berichtete man über die Produktion von 16 600 Dachziegeln, 2 000 Mauerziegeln, 250 Fastziegeln und 200 Leistenziegeln im Wert von 145 Reichstalern. Auch 1817 erbaute man einen neuen Brennofen und betonte dabei, dass dieser einen Schornstein besäße. Der Vorgängerofen musste wohl ein schornsteinloser Meilerofen gewesen sein.

Der benötigte Ton kam in kleinen „Triften“ vor. Waren die kleinen Lager ausgebeutet, so sollten sie mit „guter“ Erde aufgefüllt werden. Man umpflanzte die Kuhlen aber meist nur zur Sicherheit mit Hecken.

Das Brennhaus hatte die Maße von 60x36 Fuß; davon nahm der Brennofen die Fläche von 33x27 Fuß ein. Das Trockenhaus maß 124x37 Fuß und enthielt 32 Leitern, 73 Doppelleitern und 174 Latten; hier waren auf zwei Böden 5 757 Trockenbretter verteilt.

1828 wurden der Wert aller Anlagen und Gebäude auf 854 Reichstaler veranschlagt. In diesem Jahr waren 16 600 Dachziegel, 2000 Mauerziegel und 6 Malter Brandkalk erzeugt worden (1 hann. Malter = 1,87 hl). Pro Brand konnte man 4 500 Dachziegel und 2000 Mauerziegel brennen.

Ab 1839 übernahmen Papes Söhne den Betrieb. Sie mussten eine von 88 auf 97 Taler erhöhtes Pachtgeld und ein von 80 auf 98 Taler erhöhtes Holzgeld hinnehmen. Der Betrieb war aber noch gewinnbringend, was die bis 1869 geschlossenen Pachtverträge bestätigen.

Abbildung 36: Formermannschaft

Leider waren dann bis 1915 keine Belege ermittelbar, außer dass wie schon erwähnt der Besitzer Marienhagen 1970 einen Brennmeister anstellte und der letzte Besitzer v. Werner an Dietrich verpachtete.

Literatur und Quellen

G. Bierkamp: Ein Beitrag zur Geschichte des Dorfes Düna (1982)

G. Gebhardt: Die Ziegelhütte Düna bei Osterode, in: Allgem. Harz-Bergkalender (2012)

7 Akten des Niedersächsischen Hauptstaatsarchivs Hannover (Bestände Hann. 88 E, Hann. 74 Herzberg)

24 Frühes Fabrikwesen im Sperrluttertal und im Wäschegrund bei St. Andreasberg

Die Sperrlutter und ihr Zufluß Wäschebach, beide am Stadtrand von St.Andreasberg entspringend, boten Antriebswasser für die ab ca. 1860 entstehenden kleineren und mittleren Industriebetriebe. Anfangs benutzte man Wasserräder, ging dann ab 1880 zum Antrieb mittels Turbinen über. In beiden Fällen waren die Wasserrechte sehr begehrt. Der schwankende Wasserstand zwang aber die meisten Betriebe zur Einrichtung von Dampfkraftanlagen oder man ging zum Elektrobetrieb über.

Die meisten Fabriken befassten sich mit der Verarbeitung von Holz zu Papier und Holzwaren, einige stellten Textilien und Farbstoffe her.

Fabriken im Sperrluttertal (Nr. s. Abb. 39)

An der unteren Mühlenstraße befanden sich zwei *holzverarbeitende Betriebe*- der der Firma G. Schorse (2) und der der Flexilis AG Berlin (1). Sie bezogen Wasserkraft aus dem Pochwerkgraben der früheren Grube Felicitas ebenso wie das Werk der Firma Deig (3). Alle Werke verwendeten aber auch Dampfkraft.

Gustav Schorse gründete 1920 seinen Betrieb, der ein Sägewerk, eine Kistenfabrik und Holzhandel umfasste Er musste aber schon 1921 wieder aufgeben und an seinen Konkurrenten Flexilis veräußern, der Ähnliches herstellte. Hier bei Flexilis arbeitete Schorse dann für ein Jahr als Betriebsleiter. Flexilis gab das Werk wiederum 1925 an die Gebrüder Pulik ab.Beide Werke gingen dann 1926 gemeinsam in den Konkurs. Carl Deig (Sohn des Zündholzfabrikanten Friedrich Carl Deig) betrieb in Lauterberg und Nordhausen Möbelfabriken, zu deren Unterstützung er 1867 zwischen der Untermühle und der ehemaligen Bleiweißfabrik am Grünen Hirsch ein Werksgebäude errichten ließ Hier wurden Möbelteile, die zuvor in Heimarbeit hergestellt worden waren, zu fertigen Möbelstücken zusammengesetzt. Man fertigte auch im nahegelegenen früheren Pochwerk der Grube Felicitas. Hauptsächlich stellte man Stühle aller Art.Man beschäftigte 50-60 Arbeiter.

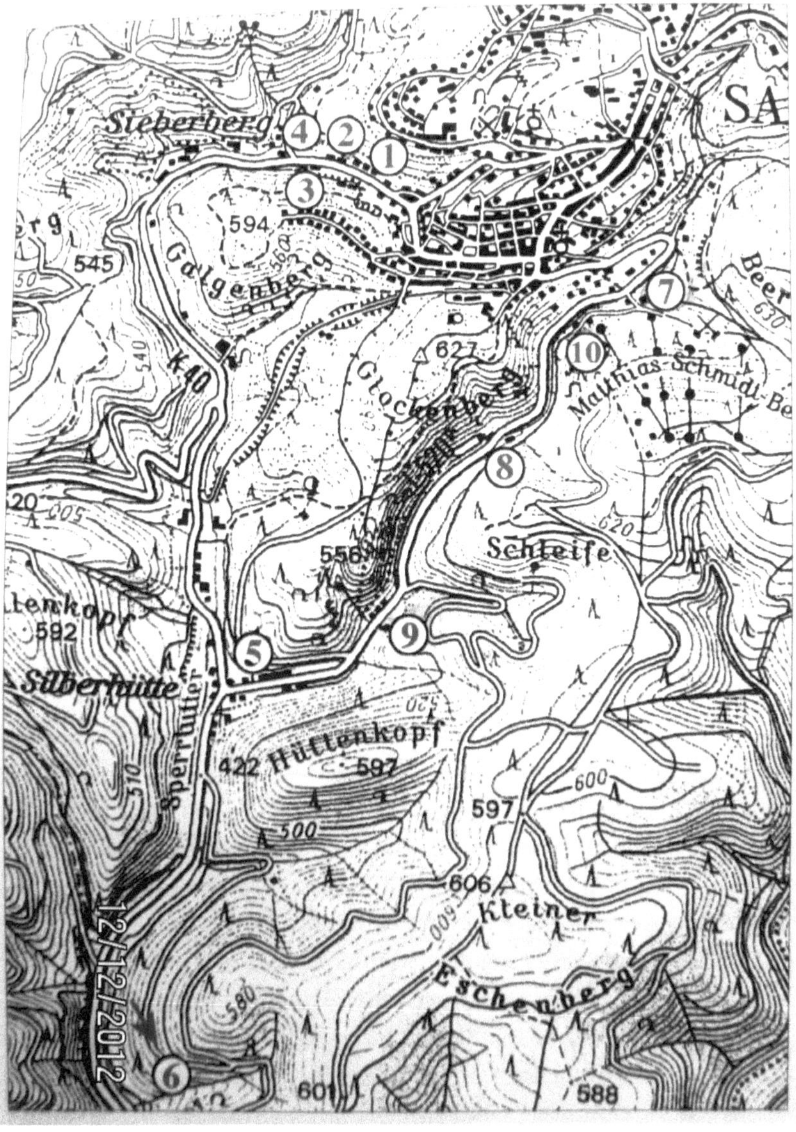

Abbildung 37: Kartenausschnitt TK 25 mit Standorten

Die Marktlage zwang C. Deig 1884 zum Verkauf an die Firma Mannewitz u. Co., die aber im gleichen Jahr an die Firma Kuhrmann und Eppler aus Rosslau bei Dessau abgetreten wurde. Man stellte nun Rohr- und Fourniersitzstühle, Tische und „Sophas" her, auch legte man patentierte Rundkegelbahnen an. Von 1898 bis 1908 war die Fabrik in Besitz von Remacly u. Krause (Inhaber Rudolf Weber, Berlin), dann 1908-1922 von Mittag & Friedrich, die Stühle und Holzschliff produzierten.

An der Sperrlutter gründete Julius Teichmüller 1892 ein Werk mit *einer Buntweberei und einer Färberei für Baumwolle und Leinen.* Hier wurden zu Beginn 43 weibliche Arbeitskräfte beschäftigt, von denen zehn im Alter von 14 bis 16 Jahren waren. Es galt die Arbeitszeit von 8 bis 18 Uhr mit zwei Stunden Pause, was also 10 Stunden reine Arbeitszeit ergab.

Julius Teichmüller hielt sich um 1903 mehrmals laut Berichten der Gewerbeaufsicht nicht

an die Auflage, keine Jugendlichen unter 14 Jahren zu beschäftigen.

1907 übernahm Sohn Paul Teichmüller das Werk, das unter dem Namen Deutsche Webstoffwerke P. Teichmüller firmierte. Im 1.Weltkrieg 1914-1918 war es verboten, Baumwolle zu verarbeite, nur deutsches Leinen war gestattet.

1924 ging der Betrieb in die Hände der Baseler Weberei Schaetti über, die mit 80-90 Arbeitskräften produzieren konnte. Letzter Besitzer wurde 1941 die Kölner Firma Leyboldt, die feinmechanische Geräte erzeugte.

Die Harzer Werke „Glück Auf" wurden als Zweigbetrieb der Lauterberger Firma Dr. Rudolf Alberti gegründet, die im Hauptwerk Schwerspat veredelte. Das Werk Glück Auf war ab 1912 in Gebäuden der 1910 stillgelegten St. Andreasberger Silberhütte angesiedelt (5). Der Betrieb war in vier Abteilungen bzw. Produktionsgruppen organisiert: Holzhandlung, Sägewerk und Kistenfabrik (Abt. 1); Holzbearbeitung für Massenartikel (Abt. 2); Fabrikation von Haus- und Küchengeräten (Abt. 3); Elektrowerk mit Überlandzentrale (Abt. 4).

Die *Holzwarenfabrik* mit dazugehörender Dampfkraftanlage befand sich im ehemaligen Erzmagazin. Es war hier auch ein Unterkunftsraum für 28 Personen vorhanden, der im 1.Weltkrieg Kriegsgefangene beherbergte. Hier wurde 1914 ein Eilauftrag erledigte, in dem 1000 Stück vierspännige Schlitten für die deutsche Armee in Russland hergestellt wurden.

In der Angebotsliste der Fabrik von 1920 erscheinen an die 2000 Holzartikel für Haushalt und Gewerbe. Das Elektrowerk lieferte ebenso 1920 Strom an die

Stadt St.Andreasberg zum Preis von 3 ½ Pfennigen pro Kilowattstunde. Die Firma „Glück Auf“ mußte 1924 stillgelegt werden.

Das *Holzwerk* Voigt und Werner lag ca.2 km südlich der St. Andreasberger Silberhütte am ehemaligen Bahnhof Sperrluttertal (6) und war 1890 von Eduard Fuchs gegründet worden. Von 1894 bis 1898 leitete der Sohn das Werk, in dem Holzschneiderei mit Dampfantrieb stattfand. Nachfolger von 1898 bis 1899 wurde der Holzbildhauer Friedrich Lauenstein, der einen Drechsler, drei Tischler, vier Bildhauer, einen Bandsägeschneider und drei Lehrlinge beschäftigte. Dann übernahmen Voigt & Werner den Betrieb mit einer zusätzlichen Kistenfabrik. Ein Brand im Jahre 1900 erforderte einen Neuaufbau, dem man eine Holzschleiferei beifügte. Von 1906 bis 1912 sind als neue Inhaber Otto Methge und Wilhelm Vogelgesang gemeldet, das Werk lief aber unter dem Namen Voigt & Werner weiter. 1912 übernahm es Albert Haltenhoff, man führte nun fertige Kisten, Packrahmen, Gestelle, Bretter und Latten im Sortiment.

Fabriken im Wäschegrund

Willi Steckel betrieb ab 1904 die *Papierfabrik* Waldhaus W. Steckel, die aus drei auseinander liegenden Fertigungsstätten bestand (7, 8, 9). Im oberen Werk (7) zur Kistenherstellung befanden sich Sägegatter, Tischlerwerkstatt und Dampfmaschine, das mittlere Werk (8) enthielt die Schleiferei, Dampfmaschine und Kohlebunker, das untere Werk (9) die eigentliche Papierfabrik mit Papiermaschine, Holländer, Querschneider sowie Dampfmaschine und zusätzliche Lokomobile.

Der Dampfantrieb war 1904 notwendig geworden, da der Wäschebach zu wenig Wasser lieferte.

W. Steckel wurde von der Gewerbeaufsicht mehrfach wegen ungesetzlicher Sonntagsarbeit bestraft. 1920 tat er sich mit dem Partner Rost zusammen, musste aber 1929 aufgeben. Das Unternehmen wurde von Henri Tietz und Lehmann bis 1941 weitergeführt. Man erzeugte Holzschliff zur Papierherstellung. H.Tietz, der wieder mit Wasserkraft arbeitete, hatte dann Schwierigkeiten wegen zu geringem Wasserzufluß und konnte deshalb seine Pacht nicht mehr bezahlen

1883 gingen die Gebäude des ehemaligen Sägewerks Bokelberg an Wilhelm Klinge aus St.Andreasberg und seinen Partner Peters aus Harburg über (10). Es wurde nun die *Fabrikation von Ultramarin* mit 10 Arbeitskräften betrieben. Dafür wurde das Gefälle des Abzugsgrabens der ehemaligen Pulvermühle als Antriebskraft genutzt. Das erzeugte Ultramarin wurde in mehreren Farbstufen als Anstrich- und Deckenfarbe, auch zum Färben von Papier und Wäsche verkauft. Man produzierte auch das patentierte Leinenbeutel-Blau und Ultramarin in Kugeln.

Ultramarin wurde durch langes Erhitzen bei 800° einer Mischung von Kaolin, Soda, Schwefel, Glaubersalz und Kohle erzeugt. Es entstand dabei ein blaues Natrium-Aliminium-Silikat mit angelagertem Schwefel, das als Kunstprodukt chemisch dem natürlichen Lapislazuli entsprach.

Das Unternehmen ging 1892 in die Hände von Carl Beckh aus Nürnberg über.

Literatur und Quellen

G. Gebhardt: Frühes Fabrikwesen im Sperrluttertal und im Wäschegrund bei St. Andreasberg, in: Unser Harz, H. 11 u. 12 (2009)

34 Akten des Niedersächsischen Hauptstaatsarchivs Hannover (Bestände Hann. 84, Hann. 174 Zellerfeld Hann. 180 Hildesheim).

25 Über die Zigarrenmacherei

Außer Bergbau, Hüttenwesen und Forstwirtschaft gab es als Erwerbsquelle fast nur die Holzbearbeitung. Als gegen Ende des 19.Jahrhunderts der Bergbau zurückging, wurden viele Leute brotlos. Auch die Bergverwaltung war bestrebt, neue Verdienstmöglichkeiten zu erschließen. Ab 1886 wurden etliche kleine und mittlere Betriebe gegründet, die hauptsächlich in Clausthal und St.Andreasberg Tabak zu Zigarren verarbeitete. Zigaretten waren zu dieser Zeit nicht Mode, für sie wäre auch die Anschaffung von teuren Maschinen nötig gewesen. Man muß davon ausgehen, dass hier nur von Hand gefertigt wurde, allenfalls bei Betrieben mit mehr als 20 Personen mit einfachen Maschinen.

Voraussetzung für die Gründung eines Betriebes war das Vorhandensein hygienisch geeigneter Räume unter gewissen Auflagen. So geben dann die Berichte von Gewerbeaufsichtsbeamten einige Auskünfte über dieses Handwerk und Manufakturwesen.

Gesetzliche Grundlage bildeten die am 17.3. 1886 vom Ministerium für Handel und Gewerbe in Berlin erlassenen Vorschriften. Sie waren gedacht zur Abwehr von Gefahren für Gesundheit und Sittlichkeit der beschäftigten Arbeiter.

Für gesunde Arbeitsräume sollten folgende Verordnungen sorgen: a. Räume mit mehr als 7 cbm Luftraum pro Person; b. genügende Lüftung und Säuberung; c. Trennung von Arbeits-, Lager- und Wohnräumen. Die sozialen Verhältnisse sollten durch genügende Pausen, das Verbot von Kinderarbeit unter 14 Jahren (mit gewissen Ausnahmen) und möglichst die Trennung von weiblichen und männlichen Arbeitern geregelt werden

Bestehende Betriebe

Es sollen einige Vorläufer genannt sein: 1815 produzierte Johann Friedrich Först in Osterode Zigarren. Ebenfalls 1815 in Osterode baten die Zigarrenmacher Köhler, Crauel, Mannes, Lüders, Seulcke, Ludewig und Winter um das Gildeprivileg.

Carl Hellwig beantragte 1862 die Lizenz für die Herstellung von selbstgedrehten Zigarren. Diese Erlaubnis wurde ihm wegen seiner Haftstrafe nur versuchsweise gegeben. Er produzierte daraufhin jährlich Waren im Wert von 500 Talern.

Betriebe ab 1889 in Clausthal

Wilhelm Ahrend, Mühlenstr. 695 (1889)
Otto Schurmann (1902)
Walter & Jürgensen (1892-1912), 34 Arbeiter
Auguste Schropp, Zellbach 99 (1909/20)
Marie Stecher, Mühlenstr.680 (1915/17):
Edmund Bente, Zellbach 99 (1915)
Friedr. Heinrich, Goslarsche Str. 202 (1909/11)

Größter Arbeitgeber war die Firma Feist & Co. aus Scharmbeck bei Bremen, die in ihren Fertigungsstätten Zellbach Nr. 158 = 28 und Zellbach Nr. 165 = 16 weibliche Arbeitskräfte beschäftigte. Außer Walter & Jürgensen und Feist & Co. besaßen alle anderen Betriebe 10 oder weniger Arbeiter.

In St. Andreasberg firmierten folgende Betriebe: Landau & Winterfeldt (1892); Maeden & Thomsen (Mühlenstr. 457 (1906/11)); Bolte, Herrenststr. 8 (10Arbeiter), keine Jahreszahl). Wichtigster Betrieb war 1919 Wilhelm Köhler (danach Paul Germershausen), der 19 Frauen beschäftigte, die den Erhalt ihrer Arbeitsordnung namentlich unterschrieben

Produktionsmengen sind nur 1894 gemeldet und auch nur als Gesamtmengen:

Clausthal:	3 Betriebe mit 44 Personen, Produktion 2,455 Mio. Zigarren
Zellerfeld:	3 Betriebe mit 12 Personen, Produktion 2,37 Mio. Zigarren
St.Andreasberg:	1 Betrieb mit 8 Personen, Produktion 0,325 Mio. Zigarren.

Die Herstellung der Zigarren: Es ist anzunehmen, dass fermentierter Tabak angeliefert wurde, der von Hand verarbeitet wurde. Man bereitete die Einlage aus entrippten kleinen Blätten, die von einem edleren Deckblatt umhüllt wurde. Unterstützt wurde das Wickeln durch Formen.

Abbildung 38: Nordhäuser Kautabak, Notgeld 1921/23

Herstellung von Kautabak

Hauptsächlich wurde Kautabak in Nordhausen erzeugt. Hier waren die Firmen Grimm u. Triepel (gegründet 1894 in Witzenhausen), Hanewacker sowie die Firma Reddersen ansässig.

Der Verlauf der Herstellung: Die Tabakblätter werden geräuchert, fermentiert und danach in Fässern reifen gelassen. Es folgt die Tränkung mit Geschmacksträgern (Fruchtessenzen, Lakritz, Honig, Menthol), Trocknung, Verspinnen zum Seil und Schneiden in passende Stücke.

Literatur und Quellen

Die Große Bertelsmann-Lexikothek (1945)

B. Le Roy: Die große Geschichte der Zigarre (1989)

21 Akten des Niedersächsischen Hauptstaatsarchivs Hannover (Bestände Hann.80 Hildesheim, Hann.84, Hann. 174 Zellerfeld, Hann. 180 Hildesheim)

Bildnachweise

HSTH = Niedersächsische Hauptstaatsarchiv Hannover
LBA = Niedersächsisches Landesbergarchiv Clausthal-Zellerfeld

WiSa

Kolibri 360 GmbH
Ferdinand-Jühlke-Straße 7
99095 Erfurt, Deutschland
produktsicherheit@kolibri360.de